佛說長者法志妻經

失譯人名今附涼錄

聞如是。一時佛在舍衛國祇樹給孤獨園與大比丘千二百五十菩薩萬人俱。佛時淸旦著衣持鉢入城分衞。比丘菩薩皆悉侍從。諸天龍神及香音神無善之神鳳凰神山神執樂神王皆散華燒香鼓諸音樂歌歎佛德而說頌曰。

從無數億劫　積行難可量　慈愍于衆生
使發大道行。三界猶幻化　一切悉空無
能曉了此慧　度脫諸十方。三十二相明

姿好八十種　口出萬億音　功德自嚴容。
雖處現三界　開示三道場　三垢今已滅
除于三界殃。心如明月珠　處欲無所著
等行離愛憎　一切無適莫。

於是人民聞歌頌佛德一國集會。觀佛行來舉動進止法則安徐。威容之顏猶星中月。如日初出普照天下無所罣礙。譬如梵王處諸天中如天帝釋處忉利宮諸天中尊。猶須彌山現于大海四域之中安不可動歡喜踊躍叉手歸命。佛至長者法志門外進到中閤。放大光明皆照十方。時長者妻嚴莊牀座文飾身

形衆寶瓔珞服栴檀香面彩顔貌五色焜煌謂可保
常奴客婢使小有過失撾捶苦毒不問曲直遥見佛
明超于日光心自念言此之顯耀非類日月釋梵諸
天凡俗之光其明淸涼安隱無量我身蒙之一切無
患不飢不渴自然飽滿云何行杖加於僕從速趣向
閤覩見世尊相好威耀難可爲喻諸根寂定無有衰
入猶七寶山晃晃巍巍慚懼悲喜稽首佛足悔過殃
釁所犯無狀旣爲女人不能自責瞋喜由己今首罪
釁不敢藏匿佛言善哉善哉汝獲善利離一切衰見
身殃咎改往修來人身難得佛經難値億世時有所

以墮女人身中者何婬欲姿態在於其中不能修身
放心恣意嫉妬多口貪于形貌而自恃怙世間無常
豪富威勢須臾間耳當視諸下猶如赤子豪富貧賤
如月進退若日出沒水火風起不久則衰一切道俗
皆從心興上天人間地獄餓鬼畜生之類皆由己耳
佛天中天緣覺聲聞亦復如是今我斯身三十二相
八十種好徹覩十方悉從解達女聞佛言歡喜無量
重自歸命責己朦冥惟受不及開化未聞無上之誨
佛言施行十善義身不殺盜婬口不妄言兩舌綺語
惡口意不嫉恚癡當奉六度布施持戒忍辱精進一

心智慧遵四等心慈悲喜護普弘大哀自致得三十二相八十種好乃爲奴客婢使教以辛苦生死罪福示語三塗之患難也。誡以道禁義理之事勝于撾杖。莊嚴瓔珞有四事何等爲四。一曰篤信。二曰戒禁。三曰三昧。四曰智慧是爲四事。菩薩自莊嚴心計大乘。無男無女猶如幻化。畫師所作隨意輙成曉了空慧一切本淨得無名身四無所畏四事不護獨步三界度脫一切。女聞佛教心開踊躍即發無上正直道意。立不退轉地。時天帝釋來在佛後謂女言曰。佛道難得不如求轉女爲男日月天帝轉輪聖王。於是女以偈頌曰。

天帝日月王　轉輪四域主　威勢無幾間
不可久恃怙。　仕豪如朝露　夢中有所覩
覺已忽滅盡　不知所湊處。　五陰如幻化
三界由己作　三世以平等　道心無等侶。
諦解作是了　誰男何所女。　天帝聞斯言
默默無所語。

佛言善哉善哉。誠如所云三處如幻化影響野馬水月芭蕉俗人不解計有吾我。便倚三界不能自濟。女心即解變爲男子。踊在虛空下禮佛足。佛告女曰。汝於後世恆沙來劫當得作佛號無垢王如來至眞等正覺明行成爲善逝世間解無上士道法御天人師佛。號天中天世曰光淨。時來會者諸天人民無央數千。見此變應皆發無上正眞道意。時長者妻一切下使前白佛言尊者卑者本寧異乎。佛言一切本無隨心所存雖爲下使發心爲道可得成佛既爲尊豪恣心憍慢不離惡趣地獄餓鬼畜生之中猶月增減如樹盛衰。一切非常無一可賴。惟道深慧乃可保常猶如虛空無進無退。時諸下使踊躍欣豫發大道意變爲男子得不起忍。佛告阿難五陰無處六情無根十二因緣而無端緒四大寄因何所是人佛說如是莫不歡喜。

佛說長者法志妻經

佛說七女經

吳月支國居士支謙譯

聞如是。一時佛遊於拘留國。在分儒達樹園。與千羅漢俱。菩薩有五百人。及諸天龍鬼神。爾時拘留國中有婆羅門。名摩訶蜜。慳貪不信佛法。大豪富。珍奇珠寶牛馬田宅甚眾。多智慧無雙。爲是國中作師。常有五百弟子。復爲國王大臣所敬遇。是婆羅門有七女。大端正無比。黠慧言語。從頭至足皆著金銀眞珠瓔珞。隨時被服。常與五百女人俱。憙自貢高。恃怙端正憍慢眾人。倚於富貴。謂呼有常。每與國中人民共說義理。常得其勝。爾時有迦羅越。名曰分儒達。聞此女大好。便至婆羅門所。謂言。卿家中自呼是女端正。雖爾當徧將至國中示人。若有人呵此女者。卿當雇我五百兩金。若不呵者我當雇卿五百兩金。如是募九十日。徧至國中無有道此女醜者。爾時婆羅門即得五百兩金。分儒達告婆羅門。今佛近在祇樹園。佛知當來過去今現在事。文復至誠。終不妄言。當將往示佛。婆羅門言大善。即與眷屬五百婆羅門。國中復有五百女人俱。相隨至佛所。佛時爲無數千人說法。各各前爲佛作禮。却坐一面。婆羅門前白佛言。瞿曇常

遊諸國寧見有好人端正如是女者不佛便逆呵之
此女不好皆醜無有一好處婆羅門問佛是女一國
中人無有道此女醜今瞿曇何以獨道此女醜婆羅
門問佛言世間人以何爲好佛言世間人眼不貪色
耳不聽受惡聲是則爲好鼻不齅香口不嘗味是則
爲好身不貪細滑意不念惡是則爲好手不盜取人
財物口不說人惡是則爲好不貢高綺語知生所從
來死有所趣是則爲好信布施後當得其福是則爲
好信佛信法信比丘僧是則爲好佛告婆羅門顏色
好不爲好身體好不爲好衣服好不爲好一言綺語

不爲好心端意正此乃爲好分儒達即自還得五百
兩金佛告婆羅門昔者有城名波羅奈從地底去佛
諸當來佛皆於是上坐爾時有國王名機惟尼作優
婆塞大明經爲佛作精舍王有女悉爲優婆夷明經
智慧端正無雙身上皆著金銀琥珀珠寶被服甚好
第一女字羞耽第二女字須耽摩第三女字比丘尼
第四女字比丘羅輯第五女字沙門尼第六女字沙
門密第七女字僧大薩耽常以佛正法齋戒布施訖
竟七女便相將至父王正殿白言我曹姊弟欲相隨
到塚間遊觀王言塚間大可畏但有死人骨髮形骸

狼藉支散在地諸悲哀者啼哭者滿其間有虎狼野獸鵄梟生噉死人肉血汝曹姊弟何爲塚間我宮中有園觀浴池中有飛鳥鴛鴦相隨而鳴中有衆華五色光目芝草奇樹衆果清涼恣意所食極可遊觀汝曹姊弟何爲塚間七女即報言大王衆果美食何益萬分我見世間人老時命日趣死人生無有不死者我曹非小兒嘗爲餘食所惑王哀念我姊弟者當聽我曹姊弟到城外觀死人如是至三王言大善聽汝姊弟所爲爾時七女即與五百婇女嚴駕出宮門七女即解頸下瓔珞散地國中時有千餘人見之隨後

拾取珠寶歡喜遂到城外塚間大臭處不淨但聞啼哭聲諸婇女及人民身體肅然衣毛爲竪七女直前視諸死人中有斷頭者中有斷手足者中有斷鼻耳者中有已死者或有未死者中有梓棺者有席中裹者有繩縛者家室啼哭皆欲令解脫七女左右顧視死人衆多復有持死人從四面來者飛鳥走獸共爭來食之死人膖脹膿血流出數萬億蟲從腹中出臭處難可當七女亦不覆鼻直前繞之一币即自相與言我曹姊弟身體不久皆當復爾第一女言寧可各作一偈救死人魂魄耶六女皆言大善第一女言此

人生時好香塗身著新好衣行步衆中細目綺視於
人中作姿則欲令人觀之今死在地日炙風飄主作
姿則者今爲所在第二女言雀在瓶中覆蓋其口不
能出飛今瓶已破雀飛而去第三女言乘車而行中
道捨車去車不能自前主使車行者今爲所在第四
女言譬如人乘船而行衆人共載而渡水得岸便繫
船棄身體去如棄船去第五女言有城完堅中多人
民皆生長城中今城更空不見人民爲在何所第六
女言人死臥地衣被常好從頭至足無有缺減今不
能行亦不能動搖其人當今爲在何所第七女言一

身獨居人出去其舍舍中空無有守者今舍日壞敗
爾時第二忉利天王釋提桓因坐即爲動搖聞七女
說經如伸臂頃即從天上來下讚七女言所說大善
欲願得何等所願者我能爲汝得之七女俱言卿是
釋天乎梵天耶不見卿來時自然在我前使我知之
即報言諸女我是釋提桓因聞說善言好語故來聽
之七女言卿屬者欲與我曹願卿是第二忉利天上
最尊當爲我等得之我姊弟請說所願第一女言我
願欲得無根無枝無葉之樹於其中生是我所願也
第二女言我欲得地上無形之處無陰陽之端願欲

於其中生。第三女言。人於深山中大呼。音響四聞。耳不知所在。我願於其中生。釋提桓因報言。且止。我不能得是願。諸女欲得作釋梵四天王日月中尊。是則可得。今女所願。實我所不知。七女答言。卿是天上獨尊。有威神。何以不能得此願。卿譬如老牛不能挽車。亦復不能耕犂。無益於主。釋提桓因報言。我聞說經故來聽之。非我所知。即便辭謝。七女默然無報。爾時空中有天言。今迦葉佛近在惟于陵聚中。何不往問迦葉佛。七女聞之大歡喜。即與五百婇女隨來觀者塚間喪亡悲哀啼哭者。復有五百人。俱發意往。時迦

葉佛為無數千人說法。悉各前為迦葉佛作禮。却坐一面。釋提桓因白佛言。我向者聞國王七女說經。故來聽之。七女便從我索是願。言我欲得無根無枝無葉之樹。無形之處。無陰陽之端。深山大呼音響四聞不知所在。我時不能報答。願佛為七女解說其意。迦葉佛言。善哉。發問。多所過度。是事羅漢辟支佛尚不能知此事。何況於汝。是時迦葉佛便笑。五色光從口出。照滿佛刹。還遶身。從頂上入。侍者前長跪問迦葉佛言。佛不妄笑。願聞其意。迦葉佛告薩波羅。汝見是女不。唯然已見。此國王七女。共發阿耨多羅三藐三

菩提心已來。供養五百佛已。當復萬佛。却後十劫悉當作佛。皆同一字。號名復多羅貰刹土。名首陀波其佛壽三萬歲。是時人民被服飲食。譬如第二忉利天上所有。佛般泥洹後。經道留止八千歲乃盡。是佛時說法。當度七十五億萬人。令得菩薩及羅漢道。迦葉佛授七女別時。即踊躍歡喜。便住虛空中。離地二十丈。從上來下。悉化成男子。即得阿惟越致。五百妹女及千五百天與人。見七女化成男。踊躍歡喜。皆發阿耨多羅三藐三菩提心。一千人遠離塵垢。皆得法眼。佛告婆羅門。此國王七女。富樂端正。豪貴。尚不恃身作綺好。所以者何。用念非常。是身不可久得故。一切世間人但坐愚癡。故墮十二因緣。便有生死。人生苦皆由恩愛。從生致老。從老致病。從病致死。從死致啼哭。得苦痛。人生皆從恩愛。當自觀身。亦當觀他人身。坐起當念身中惡露涕唾寒熱臭處不淨如是。何等類身一壞時。還化作蟲。自食其肉。骨節支解。消爲灰土。還自念我身死。亦當如是。不當恃身作綺好。當念非常。若人施行善。不自貢高綺語者。死後皆生天上。若施行惡者。當入泥犁中。女人所以墮泥犁中多者何。但坐嫉妬姿態多故。佛說是時。婆羅門女即踊

羅歡喜。解身上珠寶用散佛上。佛威神令所散住虛
空中化作寶蓋。中有聲言善哉如佛所言無有異。佛
爾時便感動放威神。於座上以足指按地。三千大千
剎土皆爲大動。光明照十方百歲枯樹皆生華菓諸
空溝澗皆自然有水。箜篌樂器不鼓自鳴。婦女珠環
皆自作聲。盲者得視。聾者得聽。瘂者得語。傴者得伸。
拘躄者得愈。手足病者得愈。狂者得正。被毒者毒不
爲行。拘閉者悉得解脫。百鳥狸獸皆相和悲鳴。爾時
拘留國中人民無男無女皆大歡喜。和心相向若得
禪。佛作是變化時拘留國王旃珠踊躍歡喜。及百大

臣婆羅門女與其眷屬及五百婆羅門。皆發阿耨多
羅三藐三菩提心。復有五百比丘得羅漢道。國中五
百人悉得須陀洹道。佛說是經已。菩薩比丘僧優婆
塞優婆夷。國王大臣長者人民。諸天鬼神龍。皆大歡
喜。前持頭面著地。爲佛作禮而去。

佛說七女經

佛說月上女經卷上

隋天竺三藏法師闍那崛多譯

如是我聞。一時佛在毗耶離國大樹林中草茅精舍。與大比丘五百人俱。皆阿羅漢。復有菩薩八千人俱。皆是大德。有大威力有大神通。悉皆受持諸陀羅尼。得無礙辯得諸禪定得無生忍具足五通所言眞實無有虛妄離諸譽毀。於己眷屬及以利養悉不染著。不求報故爲人說法。得深法忍能度彼岸具足無畏已過魔事無有業結於諸法性無有疑滯無量百千那由他劫修行成就恆以悅色慰喻行者終無嚬蹙。

善巧辭句心不變改辯說無窮亦皆成就平等忍法。能於大衆說法無畏。說一法句過百千億那由他劫。得巧方便無盡智慧知諸三世猶如幻化亦如陽燄如水中月如夢如星如空谷響。知諸法性空無相願心常寂滅住眞如法離諸取捨。旣得無量智巧方便。亦知衆心所行智巧方便之事隨所化處悉皆能爲演說諸法於衆生心無有損害離諸愛染無復煩惱具足忍行於諸法性皆悉了知。已得成於諸佛剎土莊嚴之事恆常成就念佛三昧。亦能成就勸請佛智。能斷種種煩惱諸使。於諸三昧三摩鉢帝遊戲其中

亦悉能得智巧方便其名曰文殊師利童子菩薩摩
訶薩觀世音菩薩大勢至菩薩難有菩薩香象菩薩
不捨擔菩薩日藏菩薩陀羅尼菩薩放香光菩薩雷
音菩薩分別金光明決定王菩薩那羅延菩薩寶手
菩薩寶印手菩薩虛空藏菩薩意王菩薩意見菩薩
度衆生菩薩常精進菩薩常喜根菩薩破惡道菩薩
金剛遊步菩薩三界遊步菩薩行不動菩薩不空見
菩薩功德藏菩薩蓮華德菩薩如香象菩薩得深智
辯菩薩大辯菩薩法上生菩薩諸法無疑德菩薩師
子遊步菩薩散諸恐怖菩薩蔽塞諸障菩薩師子吼

音菩薩非不言菩薩辯聚菩薩彌勒菩薩摩訶薩等
而爲上首復有如是百千菩薩摩訶薩俱爾時世尊
在毗耶離大樹林中草茅精舍時諸國王大臣百官
大富長者婆羅門等居士人民遠來商客皆悉尊重
恭敬奉侍爾時彼城有離車名毗摩羅詰其家巨富
資財無量倉庫豐盈不可稱數四足二足諸畜生等
悉皆充溢其人有妻名曰無垢可憙端正形貌姝美
女相具足然彼婦人於時懷妊滿足九月便生一女
姿容端正身體圓足觀者無厭其女生時有大光明
照其家內處處充滿如是生時大地震動其家門外

所有樹木並出酥油自然流溢。毗耶離城一切大鼓及諸小鼓種種音樂不作自鳴。上徹虛空天雨衆華。於其宅內四角各有伏藏自開。微密雜寶皆悉出現。其女當生不曾啼哭。即便舉手合十指掌而說偈言。

由昔不造諸惡業　今得如　清淨身
若當造作惡業者　不生在此大豪貴。
故由昔斷諸惡行　好施調順不放逸
恭敬嚴重所尊故　方得生此賢善家。
我念往昔迦葉佛　乞食來入毗耶離
我在樓上見彼尊　如是見已心清淨。

我心既得清淨已　供養尊重彼如來
爾時現在無香華　塗香末香飲食等。
遂即聞於空中聲　佛於世間不求報
慈愍一切諸衆生　是故遊行來乞食。
汝欲供養彼尊者　當發無上菩提心
比於三界設供養　不如信發道心者。
我聞如是空聲已　復見諸佛微妙相
遂發不動菩提心　從於樓上墜身下。
住空高一多羅樹　復見十方一切佛
猶如雜寶須彌山　迦葉佛身亦復爾。

是時諸佛神力故　曼陀羅華滿我手
我時散於迦葉上　即成清淨妙華蓋。
所見十方諸佛者　微妙相好莊嚴身
我見曼陀羅華蓋　亦復同如迦葉上。
我時空中說是語　願作兩足最勝尊
修行乃至塵數劫　不獲菩提誓不退。
天龍乃至非人等　八部其數有二千
聞我如是師子吼　亦發無上菩提意。
我捨三十三天已　還來生於閻浮提
恆常不失賢善行　故勸汝等修福業。

我在三十三天時　供養釋迦牟尼佛
今生不為五欲故　唯還供養此如來。
我念宿世諸業報　凡經八十九處生
所受福德皆如今　智者宜應供養佛。

爾時彼女說此偈已默然而住。其女往昔造諸善根業因緣故其身自然著諸天服妙寶衣裳。於其身上出妙光明勝於月照猶如金色耀其家內。然其父母見彼光故即為立名稱為月上。爾時月上生未幾時。其身忽然如八歲大。彼女行住坐立之所其地皆悉光明晃耀身諸毛孔出旃檀香。口氣香如優鉢羅華。

毗耶離城所有剎利王公子弟及諸大臣居士長者婆羅門等及餘大家豪姓種族所有童子遙聞彼女月上名聲端正可憙世無雙比聞是事已彼等悉皆欲火熾然心懷熱惱徧滿身體。一一皆作如是思惟。願得彼女月上爲婦。爾時一切諸童子等作是念已。皆悉往至毗摩羅詰離車之家遣通傳意趣進止參承。各各皆許無量珍寶駞驢象馬諸財物等。或有共彼離車相見口懵嚇云我當抑奪。或有呵喝作如是言汝今若不與我女者我必劫汝牀褥臥具財物衣裳身諸瓔珞一切服飾悉皆將去。或言打者或言縛者。將如是等恐怖之事而以告之。爾時離車毗摩羅詰心生恐怖舉身毛豎憂愁不樂。作如是念。彼等或有以其勢力將欲抑奪我女月上而將去者。或有欲來奪我命者。然彼離車失其本念煩寃懊惱嚬眉皺額眼目不瞬而向其女。遂即舉聲啼呼涕泣淚下如雨。爾時月上見父如是憂愁啼哭而問之言。父於今者何故煩惱啼哭如此。爾時離車毗摩羅詰告其女言。汝於今日可不知乎。爲汝身故城內一切所有人民悉皆共我身爲怨結。是故各各欲來爭汝。我今將恐彼其勢力劫汝將去損我身命及諸財寶並皆喪失。

爾時月上卽以偈頌報其父言。

假使閻浮大地內　所有一切諸眾生
悉皆力如那羅延　人人手執利刀仗
盡其身力趁逐我　彼終不能害得我。
慈心毒仗所不害　水火亦復不漂然
不畏死屍諸鬼使　及以呪詛言說者
慈心決定無瞋恨　慈心畢竟不畏他。
我今起此慈心念　護世猶如護身已
現亦不與他人苦　是故誰當能害我。
厭欲自無有欲想　成慈亦無恚怒癡

我無欲瞋及癡患　是故無能害我者。
我觀一切諸眾生　皆悉猶如父母想
世間但有此慈者　他人決定不能欺。
假使虛空沒於地　及以須彌入芥子
四大海水處牛跡　亦復無能降我身。

爾時月上說此偈已白父母言。尊者父母。若必定有如此事者。願於此處毗耶離城四衢道頭振其鈴鐸。號令城內一切人民作如是言。從今七日我女月上定當出外自求婚嫁選擇夫主。汝等一切諸男子等未婚娶者應當各各好自嚴飾衣服瓔珞。亦須掃除城內街巷布散香華。燒香末香及華鬘等悉各備辦。竪立寶幢張懸幡蓋。如是種種好自莊嚴。以如是等諸種法用諮請父母令作是事。爾時父母聞女語已即取其言從家而出依女所說。即便振鈴遍告城內一切人民作如是言。我女月上從今日後至於七日。當從家出自求婚嫁選擇夫主汝等應當各自努力莊嚴衣服掃治街巷布散香華。燒香末香悉各備辦。竪立寶幢及諸幡蓋如是種種好自嚴飾。爾時城內一切人民聞此語已心生踊躍各各自於當家門庭及以街巷嚴飾壯麗過上所陳。爾時城內剎利大臣

及婆羅門居士長者乃至工巧所有童男皆悉沐髮澡浴身體塗治妙香各各爭競嚴飾衣服及諸瓔珞。作如是已。方始復告左右眷屬作如是言。汝等心意不得傾動莫生餘念其女月上若不來向於我邊者。汝等必須强力助我而奪取之爾時月上至後六日是月十五圓滿之時受八關齋其夜明靜在於樓上往來經行。佛神力故於其右手忽然有一蓮華自出。黃金爲莖白銀爲葉琉璃爲蘂馬瑙爲臺。其華台有一百千葉光明曄曄妙麗精華。華內有一如來形像結加趺坐身如金色自然顯現威光赫奕明照彼樓。

具三十二丈夫之相八十種好莊嚴其身彼如來像所出光明亦復徧照月上家內爾時月上於自右手忽見華已瞻仰觀彼如來形像歡喜踊躍徧滿其體不能自勝即便以偈問彼所化如來形像作如是言。

不審仁者爲天龍　爲緊那羅夜叉等
爲是鬼神阿修羅　唯願德聚爲我說。
尊者此身不思議　猶如金色日天等
或復變化黃色身　忽似頗黎紅縹色。
我於身心無有想　見尊功德大歡喜
仁者今爲誰所使　未審又從何方來。

不知來意爲何緣　來已還欲至何所
尊嚴顯赫如火聚　功德巍巍似須彌。

爾時彼化如來形像復以偈報月上女言。

我今非天亦非龍　又非夜叉乾闥婆
師子釋種佛世尊　今遣我來至爾所。
故非天龍及夜叉　非人亦非緊那羅
非須輪等八部衆　我眞釋種佛使者。

爾時月上復以偈頌白彼所化如來形像作如是言。

仁今所言佛世尊　彼形色體何所似
願爲我說彼形相　我得聞已如是思。

又自言我佛法使　而不爲我說佛相
我觀仁威及神力　世間無比即如佛。
爾時彼化如來形像復以偈答月上女言。
彼尊形體眞金色　具三十二大人相
能爲衆生作福田　是故其名號爲佛。
自能覺知一切法　又復了知衆生心
若上若中若下者　是故其名號爲佛。
於世間事悉知解　及以了知一切法
知諸法已達彼岸　是故其名號爲佛。
於諸一切衆生心　自心一一能知見

而於衆生及與心　二處俱亦不染著。
彼因行施得作佛　及能常持淸淨戒
又復忍辱及精進　禪定智慧等成佛。
於世事無不知者　所謂一切諸技藝
常懷慈悲喜捨心　是故其名號爲佛。
降伏一切諸魔等　名聞震動千萬界
自能覺悟無上道　是故其名號爲佛。
彼昔恆常能輪轉　一切諸法無上輪
光明普照千萬剎　常說苦空及無我。
諸佛剎土有千數　百數億數那由他

廣大舌根能徧覆　是故其名號爲佛。
諸佛刹土有千數　其數又如恒河沙
彼出大聲悉徧滿　是故其名號爲佛。
諸佛刹土千億數　彼尊以手能執持
一住不動千萬劫　是故其名號爲佛。
諸佛刹土千億數　其刹所有諸須彌
彼尊一毛繫縛已　能持行至數億刹。
聞往諸佛上妙句　於法自在度彼岸
自覺證已能度衆　是故其名號爲佛。
自在十力皆具足　又能成就四無畏

於諸佛法無有疑　是故其名號爲佛。
佛無能作灌頂者　五眼成就悉具足
五根五力等圓備　七覺分道無染著
善持禁戒善共住　寂定調伏最無比
無諂無曲心調順　是故其名號爲佛。
佛者恒入諸禪定　心無暫亂亦無畏
利益衆生說知時　是故其名號爲佛。
一切功德悉具足　爲諸衆生等供養
具一切智見諸法　是故其名號爲佛。
我若經由一劫說　或經百數千萬劫

何故其名號佛者　說不可盡故名佛。

爾時月上聞此偈已歡喜踊躍徧滿其體不能自勝心生渴仰欲見如來復以偈頌白彼化像作如是言。

尊者如是說功德　我今欲見可得不
智者若聞如此法　決應不樂在家住。
我今若不見佛者　必定不飲不食噉
亦復不樂著睡眠　及以不坐本牀鋪。
我見尊者已歡喜　復聞彼德獲淨意
若對見彼佛體相　當更發大歡喜心。
佛大丈夫世難聞　經由劫數百千億

我已聞斯漏盡名　彼尊今在何方所。
所化如來即報言　法王今在大林內
其有徒眾數百千　清淨離垢悉勇猛。
一一能負三千界　手擎經劫不疲勞
得定智慧辭無礙　具獲多聞如大海。
神通能至數億剎　一頃徧禮彼諸佛
供養千萬諸佛已　於一時頃還復來。
無有我想及佛想　無有剎想及法想
一切諸想悉無染　於諸眾生作利益。
汝若欲見彼世尊　及大菩薩聲聞眾

聽於微妙諸佛法　速往彼大導師邊。

爾時月上執彼蓮華及以化佛從樓閣上下來往至父母之邊到已說偈白其父母作如是言。

父母觀我所執華　微妙莖幹金剛色
又觀無上華中者　諸相莊嚴如山王。
如是微妙最勝尊　何人當可不供養
我今見於徧家內　金色光曜母應知。
其身不可徧度量　須臾變成種種色
赤白黃紫及頗黎　我等今須設供養。
大聖瞿曇在大林　速執華香及末香

父母同往設供養　應獲無量諸功德。
父母聞已唱善哉　月上此言大利益
遂辦種種諸香等　寶幢幡蓋及華鬘。
月上父母及親眷　悉著微妙上衣服
無價珍寶及音聲　種種莊嚴悉充備。
既嚴備已從家出　欲往大林世尊邊。

爾時月上所期之日六日已過至第七日。時有無量千數大眾集會俱來看彼月上。於時眾內或有諸人以欲惱心而來會者。或有因看毗耶離城觀其城上所有莊嚴卻敵樓櫓雀𡑞寮窗勾欄藻梲諸雕飾事而來會者。時有無量男夫婦女因涉彼城而看月上。爾時月上仍執彼華。貞女父母及其眷屬齎諸華鬘塗香末香種種燒香上妙衣服寶幢幡蓋種種音聲左右侍從周匝圍遶從家而出在於街巷。爾時月上諸眷屬等出至街巷如是行時無量無邊千數人衆見彼月上在於街巷進止行時即詣其所而口悉各唱如是言。此是我妻此是我妻。爾時毗耶離大城之內。或有諸人一時走來出聲大叫向月上女。是時彼女見其大衆速疾來故。遂即飛騰在於虛空高一多羅仍執彼華在空而住。以偈白彼諸大衆言。

汝等觀我此妙身　猶如眞金帶火色
非因昔發欲心故　能得如是微妙身。
棄捨婬欲如火坑　及諸世事不染著
能行苦行調六根　及行清淨諸梵行。
見他妻妾不貪欲　皆生姊妹及母想
如是當生可憙身　衆生樂見無厭足。
我身毛孔出妙香　汝豈不聞滿此城
此非欲心所稟得　皆由布施調伏果。
我今本無婬欲心　汝於無欲莫生欲
今此尊像證明我　如我實語無有虛。

汝等昔或作我父　我或於汝昔爲母
互作父母及兄弟　云何於此生欲心。
我或往昔殺汝等　汝等或復殺我來
各作怨讎互相殺　云何於此生欲想。
非因有欲得端正　有欲定當生不善
有欲心者無解脫　是故今須捨欲心。
若墮地獄及餓鬼　及以畜生種類中
鳩槃夜叉阿修羅　鞞舍遮等皆因欲。
眼瞎無舌跛與聾　身體形容悉醜陋
一切種種諸過惡　皆由往業多欲心。
若於來世作輪王　帝釋三十三天主
大梵自在諸天等　皆由廣行淨梵行。
生盲喑啞失本性　猪狗馬驢及駱駝
象牛虎蠅蚊虻等　皆由多欲獲此報。
生大地主喜樂家　豪富長者及居士
如此皆因行梵行　現得歡喜常受樂。
負重煮炙煙熏鼻　枷鏁杻械撾辱身
斬截刖劓及挑眼　爲人僕使皆因欲。
欲作緣覺及羅漢　衆相莊嚴諸佛身
自覺覺他廣利益　皆由捨離有欲想。

行欲非唯一種患　多諸過惡無利益
速望解脫諸欲者　共我往詣如來邊。
更無歸依能拔罪　唯有諸佛天人尊
汝等速往彼尊邊　無量劫數佛難覩。

爾時月上說此偈句語諸人已。是時大地皆悉震動。於虛空內而有無量諸天子等揚聲大叫舞拃身衣。詠歌嘯調無量無數。雨諸天華百數千數作諸音樂。不可具宣。爾時大眾見聞是已。遂生厭離諸欲等想。生希有想未曾有想。當於爾時舉身毛竪更無欲惱。無瞋無恚無貪無癡無怒無妬無嫉無諍無復煩惱

無有諸使。皆以歡悅潤澤其身。各各互生父母兄弟姊妹諸親尊長等想。既捨一切諸煩惱訖。各各頭面禮月上女。爾時大眾所執香華末香塗香華鬘衣服諸瓔珞等悉將散擲向於月上。既散擲已。佛神力故其物在彼化如來上成一繖蓋廣半由旬。爾時月上還從空下去地四指足步虛空經行來往。須臾即出毗耶離城欲向釋迦如來之所。爾時月上安足之處地皆震動。而彼大眾其數八萬四千人俱隨從月上次第而去。爾時長老舍利弗共五百比丘於晨朝時整衣持鉢為乞食故便來向於毗耶離城。時彼聲聞

諸徒眾等遙見月上與其大眾前後圍遶相向而來時舍利弗遂白長老摩訶迦葉作如是言長老迦葉彼所來者是月上女欲向佛邊我等且可逆問彼女隨意義趣驗試其女得忍已不爾時長老舍利弗等五百比丘前行既至月上女邊到已告言汝今者欲何所去其月上女即報長老舍利弗言尊舍利弗今既問我作如是言汝今欲向何所去者我今亦如舍利弗去如是去耳爾時舍利弗復報月上作如是言我今欲入毗耶離城汝於今者乃從彼出云何報言我今亦如舍利弗去作如是去爾時月上復報長老舍利弗言然舍利弗舉足下足凡依何處舍利弗言我今舉足及以下足並依虛空其女復報舍利弗言我亦如是舉足安足悉依虛空而虛空界不作分別是故我言亦如尊者舍利弗去如是去耳尊者舍利弗此事且然今舍利弗行何行也舍利弗言我向涅槃如是行也其女復白舍利弗言尊者舍利弗一切諸法豈不向於涅槃行也我於今者亦向彼行爾時長老舍利弗復問月上作如是言若一切法向涅槃者汝今云何而不滅度其女報言尊者舍利弗若向涅槃即不滅度何以故其涅槃行不生滅故涅槃

行者不可得見體無分別無可滅者以是義故行涅槃者即是涅槃爾時舍利弗復問月上作如是言女於今者行何乘也爲行聲聞乘爲行辟支佛乘爲行大乘爾時月上報舍利弗作如是言尊者舍利弗今既問我行何乘者我今還問尊者舍利弗唯願如是隨意答我如舍利弗所證法者爲行聲聞乘爲行辟支佛乘爲行大乘爾時舍利弗復報彼女作如是言非也月上所以者何然彼法者無可分別亦無言說非別非一亦非衆多爾時月上報彼尊者舍利弗言是故不應分別諸法一相異相無別異相於諸相中

無有可住故涅槃者實無可滅爾時長老舍利弗復告月上作如是言希有希有汝今乃能如此辯才無有滯礙是故汝昔曾更奉侍幾許佛來爾時月上報舍利弗作如是言尊者舍利弗今問於我汝昔曾更奉侍幾許諸佛來者猶如實際與法界也時舍利弗復問女言所言實際及與法界有幾許也女復答言如無明有及以愛等無有異也時舍利弗復問女言無明有愛復有幾許其女報言如衆生界無有異也時舍利弗復問女言衆生界者復有幾許其女報言如彼過去未來現在諸佛境界舍利弗言若如此者

汝說何事是何解釋。其女報言。依尊者問我還依答。
時舍利弗復問女言。我問何義。其女答言。問文字也。
舍利弗言。彼文字滅無有足跡。其女答言。尊者舍利
弗。如是滅相一切法中如有問者如有答者二俱滅
相不可得也。

佛說月上女經卷上

佛說月上女經卷下

隋天竺三藏法師闍那崛多譯

爾時長老舍利弗復問月上作如是言汝於今者在
菩薩地有是忍相汝當不久得成阿耨多羅三藐三
菩提爾時月上作如是言尊者舍利弗夫菩提者無
有言說但以假名文字說耳所言成者亦假名說若
久若近俱是名字尊者云何作如是言汝當不久得
成阿耨多羅三藐三菩提也尊者舍利弗夫阿耨多
羅三藐三菩提者彼無生處亦不可說無有體性其
間亦復無可成者何以故菩提之體無有二相是故

菩提無二離二爾時舍利弗告月上女作如是言汝
今但當先向佛所我等須臾爲聽法故不久當還向
於彼處而來聽法爾時月上復白長老舍利弗言尊
者舍利弗如來不爲聽法者說亦復不爲樂法者說
舍利弗言如來若爾爲誰說法彼女答言尊者舍利
弗若有所聞不生著想無欣樂相如來乃爲如是說
法爾時舍利弗復語月上作如是言若有衆生請佛
聽法爲聞法故如來爾時豈不爲彼而說法也爾時
月上復答彼言若有衆生作如是想此是如來爲我
說法如是衆生住於我想若有眞洞入法性者則無

是念終不云佛爲我等故說如是法爾時尊者摩訶迦葉告於長老舍利弗言尊者舍利弗此女今旣詣向佛邊今日必當有大法義我等亦可迴還而去今日寧可不食爲善莫使我等身在於外而不得聞如是法義是故彼等諸聲聞衆遂卽迴還隨逐月上向於佛所爾時月上漸行至彼大林之內草茅精舍詣於佛所頂禮佛足右遶三匝所持香華末香塗香衣服資財寶幢幡蓋所奉佛者以散佛上散已復散彼時大衆所持香華華鬘塗香及以末香亦散佛上散已復散所散諸華於佛頂上成一華蓋縱廣徧覆滿

十由旬爾時童子文殊師利告月上女作如是言汝於往昔從何捨身而來生此當捨此身復生何處其女答言文殊師利於意云何我今所執如來形像坐蓮華者從何捨身而來生此今捨此身當生何處文殊師利復言月上此是化耳夫言化者無處捨身後亦無生其女報言如是如是文殊師利一切諸法本體是化我於彼法不見捨時不見生時爾時不空見菩薩告月上女作如是言如是月上旣不可以女身成佛汝今何故不轉女身其女答言善男子夫空體者無迴無轉一切諸法亦復如是云何令我而轉女

身爾時持地菩薩復告月上作如是言汝頗曾見如來已不其女答言善男子我見如來如我手中所執化佛如是如來等無有異爾時辯聚菩薩復告月上作如是言汝今能辯法義已不時女答言善男子法界之體不可言說亦不可以文字算數之所攝受爾時無礙辯菩薩復告月上作如是言汝於過去諸如來所聞何等法其女答言善男子今可仰觀如上虛空如來說法與此虛空等無有異其所聽者亦復如是善男子而彼法相等如虛空無異無別爾時虛空藏菩薩告彼女言汝於往昔所施諸佛云何奉施云

何迴向其女報言善男子如我於此所化佛像施彼佛僧所獲功德其事云何時虛空藏菩薩報月上言此佛是化若於彼施無功德相其女答言善男子我亦如是在於昔日諸如來前所行布施及以迴向亦作是相亦作如是迴向爾時不損他心菩薩復作是言汝今云何能於一切諸衆生等得以慈心而普徧也其女答言善男子如彼衆生等無有異菩薩復言彼諸衆生其事云何女復答言衆生之事非是過去亦非未來非現在而彼慈心亦復如是非是過去非是未來非是現在之所攝也亦復不可以言說也

善男子。而彼慈心其事如是。爾時喜王菩薩復問彼女作如是言。汝於今者得法眼不。其女答言。善男子。我今肉眼猶尚不得。況得法眼。爾時堅意菩薩復告彼女作如是言。汝行菩提經今幾時。其女答言。善男子。如彼陽燄經今幾時。我發菩提亦復如是。爾時彌勒菩薩告彼女言。汝於何時當得成就阿耨多羅三藐三菩提。其女答言。亦如彌勒菩薩何時得超凡夫行地。爾時長老舍利弗復白佛言。世尊希有此女如是辯才。云何乃能與如是等鎧甲大龍共相問答。卓立不坐。復不屈身禮諸菩薩。爾時月上白舍利弗作

如是言。尊者舍利弗。譬如小火體能燒故所有諸物悉皆能燒。如是如是尊者舍利弗。諸菩薩等與於諸佛亦無有異。於諸行中欲燒一切諸煩惱時所有煩惱或自或他莫不能燒。爾時舍利弗復問女言。汝當成就阿耨多羅三藐三菩提時而彼佛刹當如之何。其女答言。尊者舍利弗。我於當來佛刹之中無有如是小行小智名字狹劣猶如今日舍利弗者。我必當取如是佛刹。爾時舍利弗復言。月上汝既說言一切法界與如來體等無有異。今者所見云何勝負。月上女言。尊者舍利弗。譬如大海與於牛跡。然彼二水等

無有異而彼牛跡不受無量無邊衆生如大海者如是如是尊者舍利弗諸佛聲聞雖同法界而諸聲聞不能爲於無量無邊諸衆生輩作大利益如諸佛者。又舍利弗譬如芥子内有虚空十方世界亦有虚空彼二虚空雖無有異然芥子空不能容受聚落城邑不能建立須彌巨海似如十方世界空者如是如是尊者舍利弗雖於一空無相無願而有諸佛與聲聞同然彼聲聞不能與彼無量無邊諸衆生輩作大利益如似諸佛多陀阿伽度阿羅訶三藐三佛陀者。爾時長老舍利弗言如是月上佛與聲聞所得解脱豈

不等也。月上答言尊者舍利弗勿作是說乃言諸佛與彼聲聞解脱同等。時舍利弗復問女言如是之事其相云何。女復答言尊者舍利弗我於今者欲有所問如尊者意爲我說之尊者證得心解脱時頗能令此三千大千如是世界平如掌不。頗有樹木及以諸山悉各傾低向汝已不。頗或能有除滅一切諸惡已不。頗有悉除一切衆生煩惱已不。頗有能得一切諸天頂禮已不。頗有魔衆聚集徧滿三十由旬而來已不。頗有一念起智慧心得解脱已不。頗復能降一切諸魔眷屬已不。時舍利弗答月上女作如是言我於

如是一切諸事悉無有一。其女復言尊者舍利弗菩薩在於菩提道場能有如是勝妙諸事復有無量無邊勝事尊者舍利弗聲聞解脫諸佛解脫乃有如是勝負優劣差別之事尊者云何作如是念謂佛如來與於聲聞解脫等也。爾時世尊讚月上女作如是言。善哉善哉月上汝今乃能如是無礙辯說。爾時所化如來形像在月上女右手之中即從華起至世尊所。圍遶世尊滿三匝已從臍而入佛神力故大地震動。爾時世尊一一毛孔出一蓮華色如眞金白銀爲葉功德藏寶以爲蓮臺彼諸華內自然各各復出一佛

結加趺坐彼諸如來所化形像衆相莊嚴徧至十方諸佛刹土自然顯現爲彼說法。彼諸佛刹所說法句以佛神力聲還聞此如來刹土。爾時月上見如是等妙勝神通歡喜踊躍徧滿其體不能自勝其女右手所執蓮華遂提投擲如來身上其華到已在於佛頂成一華帳其帳方整下有四柱縱廣正等如依繩墨帳中自然化出一座衆寶莊嚴無量天衣以覆座上。其座爾時忽復有一化佛形像如釋迦者坐彼座上結加趺坐分明顯著。而月上女擲彼華時作是願言世尊願我藉此善根因緣力故。於未來世若諸衆生

住我相者爲說其法令除我相。爾時彼女以佛神力
忽然復有第二蓮華現其右手。彼女於是復以其華
擲向如來。其華至已在如來上爲第二帳。衆寶莊嚴
如上所說。於時彼女復言。世尊願我藉此善根因緣。
於未來世若有衆生住我見者爲說其法得除我見。
爾時彼女以佛神力忽然復有第三蓮華現其右手。
其女爾時復以此華擲向如來。於即化成第三華帳。
衆寶莊嚴如上所說。是時彼女復言。世尊願我藉此
善根因緣。於未來世若有衆生住於一切分別相者。
我爲說法除其分別及除貪欲瞋恚癡等。爾時彼女

忽然復有第四蓮華現其右手。其女亦復以彼蓮華
投擲如來至於佛頂。尋復化成第四華帳。其所莊嚴
如上所說。復言。世尊願我藉此善根因緣。於未來世
若有衆生住四顚倒。我爲說法令除四倒。爾時彼女
復以如來神通力故忽然復有第五蓮華現其右手。
其女爾時復以其華向如來擲。其華至已在於佛頂。
亦即成其第五華帳。其帳莊嚴亦如上說。其女於時
復言。世尊願我藉此善根因緣。於當來世若有衆生
五蓋覆者。爲說其法令除五蓋。爾時彼女以佛神力
忽然復有第六蓮華現其右手。其女亦復持彼蓮華

擲向如來其華至已在於佛頂亦復化成第六華帳其所莊嚴如上所說是時彼女復言世尊願我藉此善根因緣未來世中若有衆生著六入者我爲說法令離彼著爾時彼女以佛神力於其右手忽然復有第七蓮華自然顯現其女爾時復以彼華擲向如來至佛頂已即復變成第七華帳形狀大小如上所說其女爾時復言世尊願我藉此善根因緣於當來世若有衆生住著七識我爲說法令其除斷爾時彼女以佛神力忽然復有第八蓮華現其右手其女復持向佛而擲其華至已次第成其第八華帳形狀縱廣

亦如上說其女於是復言世尊願我來世藉此善因若有衆生著八顛倒爲說其法令悉除滅爾時彼女以佛神力忽然復有第九蓮華現其右手其女復將遙擲佛頂其華至已次第復成第九華帳其帳縱廣如上所說其女於是復言世尊願我藉此善根因緣於當來世若有衆生住九使者我爲說法令除九使爾時彼女以佛神力忽然復有第十蓮華現其右手其女於是復以彼華擲如來頂其華至已次第復成第十華帳莊嚴縱廣如上所說其女爾時復言世尊願我藉此善根因緣於當來世具足十力如今世尊

放大光明照十方刹等無有異。爾時彼等所化華帳高至梵宮是以地居乃至大梵諸天子等因彼華帳復與無量千萬天衆同來集會。爾時世尊便有微笑。然諸佛等有如是法。微笑之時從其口出種種色光。其光所謂青黄赤白頗梨等色及以金銀如是等色。而彼光照至於無量無邊佛土普至梵天覆翳日月。光明威力勝盛無比晃耀顯赫還入佛頂。爾時衆中長老阿難從座而起。整理衣服偏袒右臂右膝著地合十指掌以偈問佛微笑放光因緣之事。

一切諸智非無眼　於一切法無有疑
普照世間光平等　及以微笑有何緣。
往昔劫數尊行施　清淨戒行如寶珠
住忍不動如須彌　尊今光笑有何緣。
常修精進及禪定　得免諸有生死等
意行深遠猶如海　微笑放光有何緣。
常行慈悲無休息　及以喜捨亦復爾
迷失路者能濟拔　尊笑放光有何緣。
尊一毛孔出光明　徧至十方無量刹
忽然覆蔽日月光　奪彼威力作他眼。
所出音聲妙清淨　具六十種世獨尊

所有聞者無厭足　復能除滅諸煩惱。
於十方刹無量眾　一切心有所行者
世尊知已決疑網　尊笑放光有何緣。
誰今決定發道意　誰令乘佛廣大乘
誰令如是滿心願　世尊微笑而放光。
誰今降伏四種魔　謂煩惱魔及死魔
陰魔及以天魔等　微笑放光有何緣。
世尊令誰證大利　誰作法體人師子
名聞誰至十方刹　如是微笑及放光。
一切智者滅不善　諸慈行中最勝慈

於諸分別皆已斷　微笑放光有何緣。
何誰今得廣大利　誰復今得滿願心
和合十力今是誰　如是放光及微笑。
千萬諸天在虛空　夜叉金翅摩呼羅
及諸天女合掌禮　瞻仰世尊歡喜心。
聚集無量諸菩薩　十方刹土悉瞻仰
深智如海欲聽法　淨意光笑有何緣。

爾時世尊即以偈句報阿難言。

阿難汝觀此童女　合十指掌在我前
彼見諸佛妙神通　即發無上菩提意。

過去曾見三百佛　生生世世所見者
恒生恭敬而尊重　常願云何證菩提。
願不生於惡道裏　唯願生天及人中
生處不忘菩提心　命終已後知宿命。
昔見如來名迦葉　在於樓上墜下身
供養彼尊迦葉故　現得無生及順忍。
復有佛號拘樓村　奉施一具妙衣服
是故現得金色體　淸淨顯赫如月天。
有佛迦尼迦牟尼　香華塗末供養彼
以是口出妙香氣　猶如栴檀優鉢羅。

佛名尸棄兩足尊　瞻仰彼尊滿七日
是故兩目靑蓮色　諸類看者不知厭。
厭離諸欲五百世　常行淸淨諸梵行
若人起欲來觀者　乃得淸淨無欲心。
是故三十三天生　從彼來生離車種
一切生處知宿緣　巧說諸偈微妙句。
教化父母及諸親　利益無量衆生等
爲欲教化發菩提　故生豪貴大離車。
童女男夫婦人等　教化令入佛乘中
二萬三千諸人類　成熟無量菩提道。

其女轉此女人身　不久出家在我法
廣行淸淨大梵行　此處命終還生天。
從天命終復生此　於後惡世護我法
與此衆類作利益　捨命還生兜率陀。
當來彌勒下生時　儀佉輪王家作子
其於彼衆多才藝　可意端正備諸德。
供養彼尊三月日　及諸左右衆圍遶
於彼佛邊得出家　六千三百衆隨逐。
受持彼佛正法已　然後往生安樂土
既得往見阿彌陀　禮拜尊重而供養。

當於賢劫諸佛剎　十方所有諸世界
及以恒河沙如來　悉爲彼衆作利益。
精進智慧禪定力　供養如是諸世尊
劫數諸佛供養已　教化無量千萬衆。
於後八萬俱胝劫　當得作佛名月上
彼尊名號月上者　眉間白毫出妙光。
其光金色甚耀麗　顯赫徧照彼佛剎
日月火光及摩尼　星宿諸光悉不現。
晝夜歲月及四時　皆由彼光更無別
彼剎當無辟支佛　聲聞羅漢亦無名。

清淨勇猛菩薩衆　彼尊唯當有如是
彼衆身並黃金色　百種諸相具莊嚴。
悉名爲人妙可喜　彼刹無欲胎生者
蓮華臺中自化生　生已即有大威德。
於算數中不可量　無量神通至諸刹
無生法忍無障礙　彼刹無魔及外道。
亦無破戒惡朋友　受淨報如兜率陀
若有彼刹所生者　諸受果報悉平等。
金銀眞珠微妙網　廣大徧覆彼世間
彼大世尊壽命長　住世七十三千劫。

壽盡涅槃滅度後　正法住世滿一劫
彼尊在世及滅度　法教一住無有殊。
我若一劫讚歎彼　世尊刹土諸功德
今日所說諸譬喻　如海取於一滴水。

爾時月上從佛對聞與己授記聞已歡喜踊躍無量飛騰虛空。去地高至七多羅樹既住於彼七多羅已其女於是轉彼女身變爲男子。即時大地皆悉震動出大音聲雨天華雨出大光明徧照世界。爾時月上菩薩即住彼空以偈歎佛作如是言。

假動須彌空倒地　修羅住處皆悉滅

大海枯涸月天墜　如來終不出妄言。
假使十方衆同心　或火成水水成火
無量功德最大尊　利益衆生無異說。
大地虛空成混沌　百刹同入芥子中
羅網可用縛猛風　如來終不有妄語。
世尊如是眞實言　故我決住菩提道
今既大地徧震動　我證菩提定無疑。
我今既得菩提記　即轉法輪無有別
猶如世尊所說法　我百數劫已得聞。
利益天人八部輩　及諸比丘四衆等

又爲無量諸菩薩　汝等於佛莫生疑。
當來悉成無分別　是故決發菩提心
諸法皆悉如幻化　諸佛所說如夢想。
是處無人無養育　衆生命及富伽羅
如是諸法本性者　喻如虛空無有異。
我先所有女人身　彼身空體亦無實
既無實體是爲空　空體無物無可取。
彼身顛倒分別生　分別猶如鳥飛空
意欲成就佛菩提　復欲降伏四魔衆。
復欲三千大千界　轉於微妙大法輪

汝等猛發菩提意　尊重供養伽婆。
不久當成功德尊　同於眞體無有別
善利丈夫尊沙門　二足中尊我頂禮。
能施愛物常得愛　能施法財得自在
佛是樂本能與樂　能伏怨讎及諸魔。
我嘆應嘆最勝尊　又嘆自在無羨者
我意所觀諸方處　願見諸佛不思議。
放光如今釋師子　我亦當知十方佛
皆悉同體覺一法　於眞如法悉無二。
無量衆生同實際　有此忍者當作佛。

爾時月上菩薩說此偈已。從空而下頭面作禮彼作禮時頭未離地而有無量百千數佛現其目前彼等諸佛同音授彼月上之記當成阿耨多羅三藐三菩提。月上菩薩眼自對見彼百千佛授其記已歡喜踊躍徧滿其體不能自勝即從如來求請出家。白言善哉。唯願世尊自說法中與我出家。佛即告彼月上菩薩。若必然者當問父母聽汝已不。爾時童子所生父母對見如是變化神通復從佛聞爲彼授記而白佛言。如是世尊。我等已許唯願世尊放彼出家。又願我等於未來世會如此法。爾時世尊即放童子而出家也。時彼童子當出家時節有一萬二千人俱發阿耨多羅三藐三菩提心。佛說如此法本之時復有七十那由他諸天人等遠塵離垢於諸法中獲得淨眼復有五百諸比丘等於無爲法獲得漏盡心得解脫復有二百比丘尼等與其同類二萬人俱。其中或有未曾發於阿耨多羅三藐三菩提者亦得發於菩提之心。佛說此經已。月上菩薩長老阿難諸菩薩衆及彼大會天人阿修羅乾闥婆等八部之類歡喜奉行。

佛說月上女經卷下

優婆夷淨行法門經卷上

出安公涼土錄失譯師名

修行品第一

如是我聞。一時佛住舍衛國彌伽羅母弗婆羅園歡喜殿中。於是毗舍佉母與千五百清信優婆夷來詣佛所稽首佛足卻住一面。爾時佛告毗舍佉何緣晨朝而來至此。毗舍佉母白佛言。世尊。已聞如來先所略說甚深難解無上之法名曰優婆夷淨行。唯願世尊哀愍我等廣演分別微妙法相。令我等輩聞此法已。當來長夜安隱快樂。天上人中乃至菩提。佛語毗

舍佉母善哉善哉善女人。汝於往昔無量劫中常樂聞法。與諸眷屬曾於我所貪求廣說。毗舍佉母聞佛所說往昔因緣歡喜踊躍而白佛言。世尊。唯願如來爲我宣說令得開解。佛告毗舍佉諦聽諦聽。我當爲汝分別略說。善女人。過去久遠無量劫中。爾時有國名波羅奈。王號梵與。其王夫人名跋陀羅。王有一女名曰蓮華。形貌端正稟性儒賢。聰慧明了志樂多聞。精勤勇猛常修善行。於世技藝善能通達。恒爲父母之所愛重。爾時雪山有一梵志名那羅駄勤修梵行得五神通。恒爲大眾廣說諸法。名聞遠徹流於四方。

爾時彼女從善友所聞讚梵志神通如是功德難量常爲大衆宣揚妙法。心生歡喜便自念言善人難見法亦難聞身命難保是故我今宜應速往禮拜問法。作是念已往父母所而自啟曰聞人稱歎梵志修行道德巍巍唯願父母聽許我等往詣梵志聽受法味。父母答言汝今年幼生長深宮稟性柔軟初未曾出。雪山懸遠路險艱難汝今云何當能到彼吾國多有耆舊梵志神智無二善能宣說甚深妙法。我當爲汝請入宮內講論道法恣汝所聞勿須去也。女又請曰。波羅奈國耆舊梵志皆悉尊重推其道術唯願聽許

得聞法要。王以愛念不違其願勉而許之。爾時父王即勅四臣及宮中婇女莊嚴供養皆使具足。臣白王言。大王所勅皆悉已辦。於是王女心自念言。我求聽法今正是時便與宮中婇女眷屬千五百人齎持香華往詣梵志而便聽法。佛告毗舍佉爾時王女者汝身是也。雪山梵志者即我身是。汝於往昔曾求廣說。今亦如是我當爲汝分別演說淨行法門。毗舍佉母白佛言善哉世尊。如來大慈哀愍衆生願爲解說我當修行。佛告毗舍佉汝等諦聽我今爲汝廣演分別優婆夷淨行法門。如是法者乃是諸佛之所護念汝

今應當精勤修學。毗舍佉。若善女人捨惡知識親近
善友。應供養者而供養之。是則名爲優婆夷淨行。宿
因所感處好國土。善安置身。亦名淨行。供養父母。奉
事夫主。瞻視兒息。亦名淨行。勿於小罪而生輕想。所
應作者次第作之。亦名淨行。常樂布施修習作法。愛
念親友。亦名淨行。遠離飲酒。不爲衆惡。常修愛語。亦
名淨行。多聞技藝。善學威儀。研尋所聞不令廢忘。亦
名淨行。恭敬尊重。少欲知足。受恩能報。亦名淨行。不
爲八法之所動轉。顏貌怡悅。亦名淨行。心不憂慼。常
得安隱。若能如是一切無退。衆務休息。亦名淨行。能

於善法不生懈怠。疾證無上解脫涅槃。亦名淨行。忍
辱隨語。樂見沙門。身行正直。猶於大蔭。亦名淨行。能
以智火燒滅煩惱。具足善法。勇猛無退。亦名淨行。不
毀謗人。不行杖楚。善護諸根。攝心不亂。亦名淨行。直
心不貪。常樂靜處。精勤修習。永無退轉。亦名淨行。於
菩提道進而不退。厭惡三界。猶如死屍。深觀如此。亦
名淨行。心常樂捨。難捨之身。善能護持。難持禁戒。樂
修禪定而不散亂。亦名淨行。無量衆生於菩提道而
生退想。而我能進。一切進者而我不退。行住亦爾。是
名淨行。一切衆生燒滅善根。而我生之。人所樂生。我

今滅之。生死無極我得其邊。亦名淨行。毗舍佉母聞佛所說歡喜踊躍得未曾有而白佛言。世尊。優婆夷法門復有幾行。佛告毗舍佉。有十行法汝應修學。何謂爲十。一者見慳貪過樂修行施。二者見五根過樂持禁戒。三者見在家過樂欲出家。四者見疑惑過樂修智慧。五者見懈怠過樂勤精進。六者見瞋恚過樂行忍辱。七者見妄語過而樂忠信。八者見亂心過常樂禪定。九者見罪苦過而樂慈悲。十者見苦樂過樂行捨心。爾時世尊欲重宣此義而說偈言。

從施得大富　能捨所愛身　離欲樂出家

持戒攝諸根。修學得智慧　精進斷懈怠
忍辱除瞋恚　實語不虛妄。若遇世八法
安住心不動　心常樂禪定　永無有散亂。
慈悲利衆生　修捨離苦樂　若能行此法
是名大勇猛。得度法海岸　而證菩提道。

毗舍佉母聞佛所說。心生歡喜白佛言。世尊。初有幾事應當遠離復有幾法應當親近。佛告毗舍佉。有五十八法應當修學亦應遠離。何謂也。謂離一切不淨之法。親近淨法。應離惡法。親近善法。不應育養。不將養之。不應往處勿往親近所應往者即便應往。不應作者終不妄作。所應作者方便應作。非法求得不應用之。如法而得應當受用。善調身心常樂靜處捨離欺誑行於正語。厭離懶惰樂行精進。善攝諸根不令放逸。先意謙敬捨於貢高。常行忍辱不生瞋恚。自不諍訟善和合眾。捨不覆藏住於覆地。捨無義語住於義語。捨於邪命正命自活。善能量身受於飲食。不樂多求住於少欲。捨於剛強住調柔地。修習軟語遠離麤言。捨不安樂住安樂處。捨不同見共等類住。捨無問處往詣問處。厭離三界住不樂三界。捨一切作住無所作。捨於我見修學空法。毗舍佉此五十八初法

如是汝應修行。爾時世尊重說偈言。

若一切所學　初後無有餘　應遠離親近
已作得安樂。一切法學已　所願皆具足
捨愛身命故　而證無上道。若有如是學
於淨行法門　非聲聞緣覺　亦非證菩薩。
於無量劫中　稱歎其功德。

佛說偈已。毗舍佉母心大歡喜。更增上問世尊。淨行法門復有幾種名為大行。佛言有三大行汝應修行。何者名三大行。一者大信心。二者大精進。三者大智慧。世尊。云何大信心。佛言。大信心者信佛是佛是婆

伽婆阿羅訶三藐三佛陀明行足善逝世間解無上士調御丈夫天人師佛世尊是名大信心。何者大精進若能於中成精進行。一切惡法棄捨遠離。一切善法應當攝取。於善法中勇猛不息是名大精進。何者大智慧若人以智慧眼見生滅法聖人所度無常苦盡是名大智慧是則名爲三種大行。爾時世尊重說偈言。

其大信心　深著不離　諸行具足
而求菩提。　其大精進　堅固難捨
勤修已滿　而求菩提。　其大智慧

究竟明了　具波羅蜜　而求菩提。
初法增已　知大名聞　增長盡已
隨所修行。　以此知故　解過人法。

佛說偈已。毗舍佉母心生歡喜。更增上問世尊。優婆夷淨行法門進趣佛地復有幾行。佛告毗舍佉。更有四行而取佛地。何謂爲四。一者翹勤精進。二者無惑智慧。三者逝定不退。四者行慈利益衆生。毗舍佉。以此四法進趣佛地。爾時世尊重說偈言。

翹勤樂精進　智慧無迷惑　逝定不退轉
行慈利衆生。　以此四法故　而證薩婆若。

佛說偈已。毗舍佉母心生歡喜。更增上問世尊。復於幾法安住得觀。云何法集無有分散。初合法者復有幾事。佛告毗舍佉。於四法中安住得觀。謂慈悲喜捨。其中法集無有分散。謂得聲聞智辟支佛智薩婆若智佛智。初合法者有三十二觀法。所謂念佛念法念僧念戒念施念天念阿那般那觀滅想觀身想觀寂靜想觀地水火風想觀青黃赤白想觀虛空想觀識處想觀膖脹想觀臭穢想觀穿漏想觀爛壞想觀處處分散想觀骨肉縱橫想觀骨濕想觀白骨色想觀一切無常想觀一切法無我想。是名三十二觀法。四

無量心是名安住得觀聲聞智辟支佛智薩婆若智佛智。是名法集無有分散。爾時世尊重說偈言。

若以下觀　得聲聞智。　善修中觀
得緣覺智。　上觀滿足　得菩提智。

佛說偈已。毗舍佉母心大歡喜。更增上問世尊。於不淨法門。云何心住疾離煩惱通達六門。佛告毗舍佉。有三十二法門於不淨中心所樂住疾離煩惱便通六門。何者三十二法門。謂身中有髮毛爪齒皮肉筋骨肪膏髓腦。心腎肝膽大腸小腸脾肺肚胃膿血痰汗涕唾涎淚屎尿不淨。毗舍佉是爲三十二不淨之

觀。令心樂住淨行法門疾捨煩惱得通六門。爾時世
尊重說偈言。
猶如江流　聚入大海　於法門中
流觀亦爾。　善觀麤細　淨以不淨
無上智法　佛悉通達。
佛說偈已。毗舍佉母心大歡喜。更增上問世尊菩薩
於淨行法門有幾戀著住於世間不得解脫。佛告毗
舍佉淨行法門前諸菩薩有七縛著住於世間。何謂
爲七。一者若我得度世間未度我欲度之。二者若我
得脫世間未脫我欲脫之。三者若我已覺世間未覺

我欲覺之。四者若我已調世間未調我欲調之。五者
若我已安世間未安我欲安之。六者若我成道世間
未導我欲導之。七者若我已得涅槃世間未得我欲
令其入於涅槃。毗舍佉是爲菩薩七種戀著住於世
間不得解脫。爾時世尊重說偈言。
已度度衆生　已脫脫衆生　已覺覺衆生
已調調衆生。　已安安衆生　已導導衆生
我已得涅槃　令衆生涅槃。　三界如火宅
貪欲如泥綱　一切滅斷之　而證菩提道。
爾時世尊說此偈已。毗舍佉母心大歡喜更增上問

世尊淨行法門修幾善行一切法滿。佛言。修三善行令一切法滿。何謂爲三善行法。一者身善行。二者口善行。三者意善行。此三善行滿令一切法滿。所謂得布施滿得持戒滿得出家滿。得智慧滿得精進滿得忍辱滿得眞實滿得誓願滿得慈悲喜捨滿得四思滿得四定滿得四神足滿得五根滿得五力滿得七菩提滿得八正道滿。得九智滿得十力智滿。得須陀洹道智滿得須陀洹果智滿得斯陀含道智滿得斯陀含果智滿得阿那含道智滿得阿那含果智滿得阿羅漢道智滿得阿羅漢果智滿。得四智滿所謂法

智未知智名字智他心智滿得盡智滿得無生智滿。得雙神力滿得大慈三昧智滿。得一切智滿得無礙智滿。毗舍佉是名修三善行滿令一切法滿。爾時世尊而說偈言。

修三善行已　一切法皆滿　滿一切法已
而證菩提道。

佛說偈已。毗舍佉母心大歡喜更增上聞世尊淨行法門有幾大人念。佛言有八大人念。何謂爲八。一者少欲非不少欲。二者知足非不知足。三者寂靜非不寂靜。四者遠離非不遠離。五者精進非不精進。六者

禪定非不禪定。七者智慧非不智慧。八者無礙非不無礙。毗舍佉是名八大人念。爾時世尊重說偈言。

善定諸念　念非善法　若毀此念
而生厭離。　善定諸念　念非善法
觀練法相　得進無上。

修學品第二

佛說偈已毗舍佉母心大歡喜。更增上問世尊初學菩薩於淨行法門云何修學而得菩提。佛言。初學菩薩有五十修學而得菩提。何者五十。所謂深入法性不捨不減不墮不退。修學捨心修學多聞修學威儀

修學降伏眾魔修學光明修學佛相好修學禁戒修學三昧。修學波若修學大波若。修學善行修學大善行。修學色相修學無二語。修學如意足修學上如意足修學大如意足修學妙如意足。修學意行修學已意行修學大意行修學佛所王領修學自在。修學佛心相修學滿心相。修學神通修學大神通修學真寶修學王領正法令得久住修學至極處修學佛剎土修學佛壽命。修學菩提樹修學蓮華。修學佛說法修學大法輪修學轉法輪修學善知識修學不捨眾生。修學手圓滿。修學劫波樹衣修學師子座。修學右脅

臥牀修學佛所食味修學毗羶闍修學如來水相。毗舍佉是爲五十學法。初行菩薩應當修學深入不捨不滅不墮不退。汝應當知。爾時世尊而說偈言。

一切行具足　而求寂靜法　光明照佛刹
爲慈衆生故。　引導諸衆生　得度三界難
一切法無窮　如來已到彼。

爾時世尊說此偈已。毗舍佉母心大歡喜。更增上問世尊。如來有幾光明。初學菩薩云何修行。佛告毗舍佉。如來有六種光明。何謂爲六。一者青光二者黃光三者赤光四者白光五者紅光六者光色照明。毗舍

佉。是名如來六種光明。初學菩薩云何修行得此光明。毗舍佉。菩薩爲得青光明故。恒以青華青塗香末香青氎青寶而以供養。若入禪定常觀青色。作已而願當來之世願得青光。云何菩薩修學黃光。恒以黃華黃塗香末香黃氎黃寶而以供養。若入禪定常觀黃色。作已而願當來之世願得黃光。云何菩薩修學赤光。恒以赤華赤塗香末香赤氎赤寶而以供養。若入禪定常觀赤色。作已而願當來之世願得赤光。云何菩薩修學白光。恒以白華白塗香末香白氎白寶而以供養。若入禪定常觀白色。作已而願當來之世

願得白光。云何菩薩修學紅光。恒以紅華紅塗香末香紅氎紅寶而以供養。若入禪定常觀紅色。作已而願當來之世願得紅光。云何菩薩修學光色照明。恒以光明華光明塗香末香光明氎光明寶而以供養。若入禪定常觀光明。作已而願當來之世願得光明照曜。毗舍佉。是名菩薩修學如來六種光明。爾時世尊而說偈言。

佛光有六種　青色黃色光　赤白及紅色
光相最照明。　若有智慧人　常當勤修行
若樂妙色光　應學廣大行。　華香燈供養

恒施無上尊　修學六種行　所願皆成就。

佛說偈已。毗舍佉母心大歡喜。更增上問世尊。大人之相凡有幾種。初學菩薩云何修學。佛言。大人之相有三十二。菩薩所修有二十行與大人相合得成二道無有餘也。何謂二道。若在家者得作轉輪聖王王四天下降伏諸國。七寶隨從。一金輪寶二白象寶三白馬寶四摩尼寶五玉女寶六藏臣寶七主兵寶。復有千子勇健威猛能伏怨敵盡大海際以法降伏不用兵仗。若出家者得成爲佛天上人中最尊第一具三十二大人之相。何者三十二相。所謂身黃金色。圓光一尋猶如融金梵身方直項後日光頂有肉髻其髮紺青佛身圓滿如尼俱律樹眉間毫相如兜羅綿上下俱眴目睫紺青舌能覆面梵音八種如迦陵頻伽聲口四十齒齒白齊密師子頰皮膚細薄不受塵垢一一孔一毛生紺色細軟皆起右旋師子臆胸有卍字七合處滿手足合縵網指纖長手內外握立手過膝陰馬藏腳臑直鹿腨腸奄底相千輻輪足跟長是名三十二大人之相身毗舍佉何者二十事修大人相如來往昔作凡人時於善法中成就堅固不易受持身作善行口為善行心念善行一切布施與眾

生其堅持禁戒恒住布薩供養父母沙門婆羅門耆舊宿德六親眷屬於諸善法皆悉行已修集滿足積聚高廣生死無量乃至一生補處如意自在常受天樂壽命色力王位名聞色聲香味觸受天樂已下生人間得大人相成足下平蹈地皆著舉足俱上腳趺隆起猶如龜背以此相故若在家者得作轉輪聖王若出家者得成阿耨多羅三藐三菩提永斷生死得常樂涅槃內外怨家梵魔沙門婆羅門所不能壞是名為佛爾時世尊重說偈曰

於諸法調柔　恒持齋禁戒　布施心平等

深觀無常法。一切所行業　堅固心受持
以此行業故　常生天人中。受天上樂已
還生於人中　受世間福報　而得足下平。
蹈地皆悉著　隨蹈地起迎　若在家出家
皆有如是相。若梵天魔王　沙門婆羅門
一切諸怨家　皆悉已降伏。出家行學道
斷絕生死源　衆行已滿足　得成無上尊。

復次毗舍佉。云何修行千輻輪相。如來往昔作凡人時荷負衆生除其恐怖施無畏樂。凡所布施悉其衆生積業高廣不可稱計。於此命終往生天上常受妙

樂。如是展轉無量無邊下生世間得大人相足下千輻輪輪相具足如眞金輪。得此相已若在家者作轉輪聖王王四天下七寶隨從常爲沙門婆羅門居士大臣長者及諸四兵之所圍遶。若出家者得成爲佛大衆圍繞比丘比丘尼優婆塞優婆夷天龍夜叉乾闥婆阿修羅迦樓羅緊那羅摩睺羅伽等恭敬尊重。

爾時世尊重說偈言。

我於無量世　展轉三界中　荷負衆生樂
爲除怖畏處。普護不休息　以此功德業
常生人天中　至一生補處。兩足千輻輪

光曜如金輪　千行業所感　記成人中尊
得大衆圍遶　降伏諸魔怨。若獲剎利種
得成轉輪王　若出家學道　得成無上尊。
天人阿修羅　摩睺羅伽等　四足及非人
皆恭敬供養。名聞滿十方　衆生良福田。

復次毗舍佉。云何修行三大人相。如來往昔作凡人時。不害衆生捨殺生想。不行杖楚。一切器仗悉不畜之。恒生慙愧修習慈悲。積業高遠不可思議。生死無量乃至一生補處。下生人間得三大人相。一者足跟長。二者指纖長。三者梵身圓直。以此相故記壽命長

現久住相。亦護壽命終不中夭。若出家者得成爲佛壽命長遠。一切世間天人沙門婆羅門無有能害如來壽命。爾時世尊而說偈言。

一切畏死怖刀仗　以己爲喻勿行杖
是故遠離不思念　以此善行生天上。
受天果報無量樂　壽盡下生得三相
指足跟長梵身滿　安置地上如金軀。
柔輭纖長如金杵　身體光曜如須彌
三相記成天人相　亦表如來壽命長

復次毗舍佉。云何修行七處滿相。如來往昔無量劫

中作凡人時恒作施主。餚饍飲食種種甘果香美諸漿勤修布施積集高廣不可稱計乃至一生補處常受天樂。下生世間得七處滿相肩頸臂腳皆悉圓滿。以此相故若在家者得作轉輪聖王世間上味具足而得若出家者得成爲佛所受飲食於天上人間味中最上。爾時世尊而說偈言。

食敢舐嘗無上味　施主恒修如是行
以此善行無有量　難陀園中受快樂。
業報一生下世間　得大人相七處滿
手腳柔輭無有比　以此相故得上味。
在家出家皆如是　如來永斷三界滿

是故得成無上尊。

復次毗舍佉云何修行手足柔輭合縵網相。佛於往昔作凡人時常以四攝攝取衆生布施愛語利益同事有所求索不違衆生積業高廣乃至一生補處常受天樂下生世間得二大人相一手足柔輭二手足合縵網。以此相故若在家者作轉輪聖王攝四天下。若出家者得成法王善攝一切無量衆生比丘比丘尼優婆塞優婆夷天龍夜叉乾闥婆阿修羅迦樓羅緊那羅摩睺羅伽人非人等爾時世尊而說偈言。

修布施愛語　行利益同事　恒以四攝法
攝衆無有餘。以此行業故　常生大人中
下生於世間　得二大人相。手足悉柔軟
俱有合縵網　微妙極細薄　外黃裏紅色。
以此二相故　在家轉輪王　若以善法化
一切皆順行。堅受持不犯　歡喜讚聖王
施恩無有比　慈潤於四方。若棄捨五欲
出家得成佛　爲衆生說法　聞者悉頂受。

復次毗舍佉。云何修行如來腳相臃直身毛旋起。佛告毗舍佉。我於往昔作凡人時。恒以善法饒益衆生

常行法施。初未曾說無義之語。以此業故增長廣大。乃至一生補處。下生世間得二大人相。一腳臃直踝骨不現。二者毛端旋起。以此相故。若在家者得作轉輪聖王人中最尊。高妙上勝於五欲中歡喜快樂。七寶千子隨從侍衛。若捨家業入山學道得成爲佛。天上人中最尊最上無有二者。一切衆生恭敬尊重。爾時世尊而說偈言。

恒以善法　利益衆生　恒以善語
教導衆生。恒以善力　將侍衆生
歡喜快樂　恒行法施　無有嫉妬。

以此業故　積行無量　下生人閒
得大人相。　一腳牖直　踝骨不現
二毛端起　悉皆右旋。　若在家者
作轉輪王　王四天下。　若出家者
得成爲佛　天上人中　最尊最上。

復次毗舍佉。云何修行鹿腨腸相。如來於昔無量劫中作凡人時。善勸教人一切典籍威儀工巧醫方呪術。教持禁戒悉皆具足恒自思惟云何令人善解義趣速得通達不生疲倦厭惡之心。以此業故。勤積高廣。乃至一生補處常受天樂。下生世閒得大人相成鹿腨腸。若在家者作轉輪聖王王四天下。一切所須供養之具隨念速得。若出家者得成爲佛。天上人中所須供養皆悉疾得。爾時世尊重說偈言。

諸典悉教學　工巧及呪術　醫方察衆病
恒自作思念。　云何令速成　於學不疲倦
展轉教餘人。　以此行業故　積聚不可量
至一生補處　成大人相好。　而得鹿腨腸
纖好成圓滿　皮細薄柔輭　毛起皆右旋。
以此大人相　記成人中尊　在家轉輪王
所求皆速得。　若出家作佛　一切諸供養

隨念悉具足。

復次毗舍佉。云何修行皮膚細輭不受塵垢。佛於往昔作凡人時。若沙門婆羅門刹利居士來至我所而問我言。大德何者名善行何者名不善何者應親近何者應遠離。何者行業得受安樂何者行業而受苦惱。我於往昔爲人分別是法應作是不應作是法應行是不應行。是法得快樂是法不安樂。以此業故積行無量。乃至一生補處受天福樂。下生人間得大人相。皮膚細輭不受塵水。譬如蓮華雖在水中水不能汙。如來身相亦復如是。以此相故若在家者作轉輪

聖王聰明智慧。於諸世間沙門婆羅門刹利居士無有及者。若出家學道得成爲佛智慧廣大利疾智慧最上最勝諸天世人梵魔沙門婆羅門諸有智慧無能及者。爾時世尊而說偈言。

佛於無量世　凡人時修行。　若有來問者
勤教令速成　恒在出家地　善分別義趣。
以此行業故　若天上人中　常得大智慧。
一生下人中　得皮膚細輭。　以此相好故
成就大智慧　若獲刹利種　在家轉輪王。
若不樂在家　出家得成佛　獲一切種智

天上及人中　無有能及者。

優婆夷淨行法門經卷上

婆夷淨行法門經卷下

出安公涼土錄失譯師名

修學品第二之餘

復次毗舍佉云何修行身黃金色光明照耀猶如金山。如來往昔無量劫中常樂修善不瞋不恚若有衆生惡罵捶打悉皆能忍不生瞋恨恆自慚愧生大悲心。皆是過去先業所報常自剋責復行布施柔輭氍氀芻摩劫貝憍奢耶衣如是等衣恆以施人。如是展轉無量世中積功高大常受天樂下生人間得大人相身黃金色於諸金色最上最勝。以此相故若在家

者作轉輪聖王王四天下。於四天下若有柔輭氍氀敷具芻摩劫貝憍奢耶衣欽婆羅衣一切世間柔輭之物王悉得之。若出家者得成爲佛。人中細輭衣服臥具劫貝芻摩欽婆羅衣如是等物如來悉得。爾時世尊重說偈言。

不生嗔恚心　恆慚愧剋責　布施細妙衣

上氎無價物。　恆施與衆生　施已心歡喜

踊躍無悋惜。　譬如人失火　出物大歡喜

積善無有量　生天受快樂。　從此生人間

而得大人相　身體黃金色　猶如金山王。

在家轉輪王　善護四天下　大得柔輭觸
一衣直千萬。若學道成佛　化天人龍神
衣服亦如是。

復次毗舍佉。云何修行陰馬藏相。如來於過去無量劫中作凡人時。常樂修行善和合衆若與父母男女兄弟姊妹親戚眷屬善友知識乃至畜生若有別離樂和合者悉隨所樂善能和合令其歡喜。以此業故。所積高廣常生天上受天福樂。下生人間。如是展轉無量無邊至一生補處得陰馬藏。以此相故記成千子作轉輪王王四天下千子勇健能伏怨敵。若出家

者得成爲佛。從法生子過於千萬勇猛多力能却魔怨。爾時世尊而說偈言。

我於無量世　本作凡人時　常爲和合衆
令得安樂住。若父母男女　兄弟及姊妹
親戚諸眷屬　善友知識等　若離別苦者
善和合安樂。以此行業故　常生天人中
受天上快樂　下生於人間　得陰馬藏相
現成得千子。勇健無有比　能降伏怨敵
恆供養父母　令得歡喜樂。若出家作佛
法子有千萬　戒定神通力　能摧伏魔怨。

復次毗舍佉。云何修行梵身圓滿如尼倶律樹立身正直手得摩膝。如來往昔作凡人時恆修弘慈。善能觀察善惡麤細等不等法。此是智慧此是愚癡此是精進此是懈怠此是瞋恚此是忍辱。如是分別隨其等類而教導之。以此業故展轉無量天上人中乃至一生補處。下生人閒得二大人相。一者梵身圓滿如尼倶律樹。二者立身正直手得摩膝。以此相故若在家者作轉輪王王四天下財富無量。金銀琉璃車渠馬瑙珊瑚虎珀眞珠等寶。五穀豐熟庫藏盈溢若出家者得成為佛具足七財信戒施聞慧慚愧。如來亦

有如是等物無量無邊。爾時世尊重說偈言。

我於過去世　善稱量眾生　選擇分別已
觀察悉平等。　能常別眾生　隨類應施與
以此行業故　常生天人中。　下生於人閒
立身直不曲　兩手得摩膝　猶如尼倶樹
從地生方圓　佛身亦如是　從無量劫來
行業地所生。　二相現財富　令天下太平
在家受五欲　得成轉輪王　捨五欲出家
得成無上尊。

復次毗舍佉。云何修行三大人相。一者師子臆。二者

項出日光。三者肩頸圓圓。如來過去作凡人時。恆利益衆生樂安樂住。信心持戒多聞惠施財穀田宅奴婢牛羊象馬車乘妻妾男女侍從左右眷屬親戚令得增長。以此業故常生天上。下生人間得三大人相。一者師子臆二者項出日光三者肩頸圓圓以此相故若在家者作轉輪王王四天下。法常增長財物田宅五穀豐熟妻子眷屬奴婢侍從善友知識一切具足無有減少。若出家者得成爲佛七財具足四部眷屬亦無減少。爾時世尊重說偈言。

信心持戒　多聞惠施　奴婢象馬
牛羊田宅　妻子眷屬　善友知識。
恆作善念　云何令其　色力安樂
得大增長。　以此業故　常生天上
下生人間　得大人相。　半師子臆
項出日光　肩頸圓直　三相記成。
若在家者　眷屬妻子　奴婢象馬
悉皆興盛。　若出家者　得成爲佛
眷屬增長　得無減法。

復次毗舍佉。云何修行胷有卍字。如來於往昔作凡人時不惱衆生不行杖楚亦不籠繫。以此業故積行高廣常生天上。下生人閒得大人相胷有卐字。若在家者作轉輪王無諸疾病四時調適不寒不熱。若出家者得成爲佛。亦無諸病常得調和不冷不熱身體輕利堪入三昧。爾時世尊重說偈言。

不籠繫衆生　亦不行杖楚　不以諸刀杖
加害於衆生。以此行業故　常生天人中
受天上快樂　至一生補處　下生於人閒
而得大人相。胷字有卐數　以此相好故
無有諸疾病　若在家出家　常得受快樂。
若獲刹利種　得王四天下　若出家學道
得成無上尊　純受上妙樂。

復次毗舍佉。云何修行眼下紺色如青蓮華目睫捲起紺色光明。佛於過去無量劫中作凡人時。恆修善行。不以惡心張眼低目竊視衆生。不以欲心眄睞看之。恆以喜心離瞋愛癡直視衆生。以此業故常生天上受天快樂。下生人閒得二大人相。一者眼下紺青上下俱眴。二者目睫細輭捲起纖長紺色光燄。以此相故若在家者作轉輪王王四天下一切人民沙門婆羅門刹利居士妻子眷屬羣臣侍人觀視無厭。若出家者得成爲佛。爲諸四衆比丘比丘尼優婆塞優婆夷天人阿修羅摩睺羅伽乾闥婆等一切眾生善心歡喜。瞻仰如來無有厭足。爾時世尊而說偈言。

佛於過去世　本作凡人時　恆修諸善行
不以瞋恚心　張眼低棄視。亦不以愛染
欲心看眾生　眼淨離垢濁　歡喜心直視。
以此行業故　常生天人中　至一生補處。
下生於人間　得眼睫紺色　目如青蓮華
上下俱眴明。以此大人相　記聰明智慧
一切諸眾生　樂視無厭足。在家轉輪王
成就大智慧　七寶悉具足　能伏四天下。

出家得成佛　而獲一切智。

復次毗舍佉。云何修行頂有肉髻頭髮紺青。如來於過去世作凡人時。於功德中恆在人前。身口意業布施持戒。月修六齋。供養父母沙門婆羅門親友眷屬耆舊宿德。復有善行不可稱計。以此行故。積聚無量常受天樂。乃至一生補處。下生人間得二大人相。一者頂有肉髻。二者頭紺髮青。以此相故。若在家者作轉輪王王四天下。為諸人民之所依憑。若出家者得成為佛。為諸四眾比丘比丘尼優婆塞優婆夷天龍夜叉乾闥婆阿修羅迦樓羅緊那羅摩睺羅伽人非人等所歸依處。爾時世尊而說偈言。

我於過去世　修善中導首　恆修持梵行
爲人所依憑。命終生天上　受諸天快樂。
下生於人閒　得二大人相　頂上有肉髻
頭髮捲紺青。在家轉輪王　而王四天下
以五戒十善　覆護於人民。若出家學道
得成無上尊。恆以戒定慧　教授諸衆生。
常爲諸天人　龍神夜叉等　乾闥阿修羅
而作歸依處。

復次毗舍佉。云何修行一一毛孔一毛生眉閒白毫

如兜羅綿。佛於往昔作凡人時。修不妄語。捨離妄語恆修實語。護持實語。正心實語。亦不綺語。發言柔軟隨順衆生。以此業故。常生天上受天快樂。下生人閒得二大人相。一者一一毛孔一毛生其毛細軟皆起右旋不受塵水。二者眉閒白毫光明鮮澤如兜羅綿。以此相故。若在家者作轉輪王王四天下一切人民熾盛增長快樂無極。若出家者得成爲佛。增長比丘比丘尼優婆塞優婆夷四部眷屬無量無邊充滿世界。爾時世尊而說偈言。

我於過去世　恆修不妄語　口初未曾說

人等所歸依處。爾時世尊而說偈言。

我於過去世　修善中導首　恆修持梵行
爲人所依憑。命終生天上　受諸天快樂。
下生於人間　得二大人相　頂上有肉髻
頭髮捲紺青。在家轉輪王　而王四天下
以五戒十善　覆護於人民。若出家學道
得成無上尊　恆以戒定慧　教授諸眾生。
常爲諸天人　龍神夜叉等　乾闥阿修羅
而作歸依處。

復次毗舍佉。云何修行一一毛孔一毛生眉間白毫

如兜羅綿。佛於往昔作凡人時。修不妄語。捨離妄語恆修實語。護持實語正心實語。亦不綺語發言柔輭隨順眾生。以此業故常生天上受天快樂。下生人閒得二大人相。一者一一毛孔一毛生其毛細輭皆起右旋不受塵水。二者眉閒白毫光明鮮澤如兜羅綿。以此相故。若在家者作轉輪王王四天下一切人民熾盛增長快樂無極。若出家者得成爲佛增長比丘比丘尼優婆塞優婆夷四部眷屬無量無邊充滿世界。爾時世尊而說偈言。

我於過去世　恆修不妄語　口初未曾說

空誑不實語。　隨順於世間　發言無過失
以此行業故　常生天人中。　下生於人間
得二大人相　眉間白毫光　柔輭如兜羅
毛孔無二生　一一皆右旋。　以此二相故
在家轉輪王　普王四天下　令人民增長。
若捨家學道　得成大法王　教授諸天人
令正法增長。

復次毗舍佉。云何修行口四十齒齒白整密。如來於往昔無量劫中恆修不兩舌。棄捨兩舌遠離兩舌。從此聞已不向彼說從彼聞已不向此說彼此聞已利

益歡喜乃為說之。以此業故。常受天樂下生人間得二大人相。一者口四十齒二者齒白齊密。以此相故。若在家者作轉輪王王四天下無有盜賊眷屬清淨堅固無壞。若出家作佛得四部眾比丘比丘尼優婆塞優婆夷堅固受持如來法藏不為四魔之所能破。爾時世尊重說偈言。

如來過去世　修行不兩舌　不鬬亂眾生
善能和合眾。　行業生天上　受諸天快樂
下生於人間　得二大人相　口有四十齒
齒白淨齊密　若獲剎利種　在家王四地

王有四兵衆　堅固難沮壞　剎利婆羅門
常不能動轉。若出家作佛　四部衆亦爾
常爲諸天人　所恭敬尊重。

復次毗舍佉。云何修行廣長舌相出梵音聲如迦陵頻伽聲。佛於往昔作凡人時。不行麤語棄捨麤語遠離麤語恆修善語柔軟之語。能入其心令其樂聞。大慈悲語不捨語弘恩語人所愛念。以此業故勤積高廣常受天樂。下生人中得二大人相。一者廣長舌出能覆面。二者梵音柔軟如迦陵頻伽聲令人樂聞。以此相故若在家者作轉輪王王四天下有所言說一

切人民皆悉樂聞歡喜受持。若不樂在家出家學道得成爲佛。若有所說比丘比丘尼優婆塞優婆夷天龍夜叉人非人等皆悉頂受歡喜奉行。爾時世尊重說偈言。

佛於過去世　恆修行善語　不瞋亦不恚
不鬬亂麤語。常修慈悲語　決定正柔軟
如是一味語　然後乃發言。以此行業故
得舌廣長相　梵音清柔軟　如迦陵鳥聲。
以二大人相　在家轉輪王　若有所言說
人民皆受行。出家得成佛　能轉無上輪

若所說妙法　天人阿修羅　龍神夜叉等
聞者皆奉行。
復次毗舍佉。云何修行師子頷。佛於過去世作凡人時。恆修不綺語棄捨綺語遠離綺語應時而語義語法語威儀語常住語有邊語。以此業故積功無量常受天樂。下生人間得大人相師子頷。以此相故。若在家者作轉輪王王四天下一切人民無能伐者。若出家者得成爲佛天人阿修羅梵魔沙門婆羅門內外怨家無有能得伐如來者。爾時世尊而說偈言。
我於過去世　恆修不綺語　亦不自稱譽
及以諸雜語。　斷截無義語　常修應時語
發言令喜樂　利益諸衆生。　以此行業故
常受天人樂　下生於人間　成就師子頷
在家轉輪王　威伏四天下　以此大人相
現無有伐者。　出家得成佛　沙門梵魔王
大人阿修羅　羅睺緊那羅　內外諸怨家
無有能伐者。

復次毗舍佉。云何修行四牙齊密白淨光明。佛於往昔作凡人時。捨離惡活正命自活。亦不行於斗秤欺誑。不以威勢橫取人物。以虛僞物欺誑於人。變形誑愛誑觸誑精進誑如是一切欺誑之法皆悉斷滅以此業故積聚高廣命終生天。於天人中十處受樂。何謂爲十。一者天壽。二者天妙色。三者天樂。四者天名聞。五者天王。六者天色。七者天聲。八者天香。九者天味。十者天觸。是名爲十。受天樂已下生人間得大人相。一者齒無大小。二者牙色白淨。以此相故若在家者作轉輪聖王王四天下四部兵衆婆羅門衆刹利衆聚落城邑大臣長者妃后婇女及諸千子皆悉嚴淨。若出家者得成爲佛亦有四衆比丘比丘尼優婆塞優婆夷天人阿修羅乾闥婆等皆亦清淨。爾時世尊而説偈言。

我於過去世　捨離諸惡活　以清淨法利
修正命自活。能除衆生苦　令其得安樂。
以此行業故　受天十種樂　常爲諸天人
所尊重讚歎。娱樂快樂已　下生於人間
積善之所感　得二大人相　齒無有麤細
牙色光白淨。若獲刹利種　在家轉輪王
四兵衆圍遶　清淨無垢穢。若出家作佛
常爲諸四衆　比丘比丘尼　優婆塞婆夷。
天人阿修羅　龍神夜叉等　清淨無垢濁

悉綦敬圍遶。毗舍佉是名三十二大人之相。以此相故莊嚴如來微妙之身。復次毗舍佉佛身復有八十種好。云何名爲八十種好。一者指甲紅赤二者指甲隆起三者指甲滑淨四者指甲滿足五者指圑圓六者指纖直七者指間密八者指淨潔九者手足肥膩十者手足裏赤十一者手足平等十二者手足內滿。十三者掌文深現十四者掌文端直十五者掌文纖長十六手足潤澤十七掌文不亂。十八踝骨不現十九膝頭圓滿二十膝次第滿足。二十一行步齊正二

十二師子王行二十三鵞王行二十四龍王行相二十五牛王行相二十六行不顧視二十七行步不亂。二十八半身正直二十九佛身過人三十一切滿足三十一佛身皆好三十二身體平正三十三身體滿足三十四身體正直三十五身體滑澤三十六身次第大小三十七身體淨潔三十八身體柔輭三十九身體寂靜四十身體緊細四十一身體緊密四十二身體端嚴四十三諸根方正四十四身色不黑四十五身體無黶四十六身毛淨潔。四十七腹相圓圓四十八腹無橫文四十九身體明淨見諸色像。五十臍

深五十一臍孔團圓五十二臍文右旋五十三臍孔不凹五十四臍口不長五十五臍口不短五十六臍毛下連五十七得龍牙相五十八牙不過脣五十九四牙團圓六十四牙鋒利六十一四牙纖長六十二四牙齊密。六十三舌廣柔輭六十四舌色赤好六十五梵聲深妙六十六象王聲六十七迦陵頻伽聲六十八齒根肉滿六十九鼻不下垂七十鼻高修長七十一鼻孔淨潔七十二鼻修方廣。七十三目好廣大表裏滑淨七十四眼睛黑光七十五目睫次第。七十六眉如半月圓廓修長七十七眉毛黑澤長短隨次

七十八眉毛純色滑淨光明。七十九耳普垂埵內外俱淨。八十頭髮細輭右旋不亂次第纖長一切皆好。毗舍佉是名如來隨相之好有八十種。爾時世尊而說偈言。

長夜受持　一切禁戒　無量苦行
名大梵志。　三十二相　八十隨好
瓔珞其身　天人中尊。　光明赫烈
照曜無極　青黃赤白　更相入間。
宛轉旋起　徧滿虛空　放大光明
照無量界。　中光照曜　三千世界

如來常光　照於一尋。　若放大光
日月隱蔽　猶如日出　衆星不現。
若放中光　照於世界　日光如月
月色如星。　萬行所感　得如是身。
爲諸衆生　之所樂見　歡喜瞻仰
無有厭足。

瑞應品第三

爾時世尊說此偈已。毗舍佉母歡喜踊躍而白佛言。世尊菩薩處胎初生之時有幾奇特微妙之相現於世間。佛告毗舍佉菩薩生時有十六種奇特瑞相。何

謂十六種相。所謂菩薩捨兜率天身憶念分明而處母胎。是爲一未曾有奇特之法。菩薩捨天身已處胎之時自然光明照於世間世界中間幽冥之處日月星光所不能照悉皆大明。其中衆生各得相見咸作是言此中云何忽生衆生。一切世間梵魔沙門婆羅門所有光明無能及者。又復三千大千世界六種震動諸須彌山震動不停。是爲二未曾有奇特之法。菩薩處胎有四天子執持威儀四方侍衛守護菩薩及菩薩母不令世間人非人等之所惱害。是爲三未曾有奇特之法。菩薩處胎。能令其母自然持戒不殺盜

婬妄語飲酒是爲四未曾有奇特之法。菩薩處胎其母清淨無有欲心外人見之亦不生染是爲五未曾有奇特之法菩薩處胎常令其母大得利養色香味觸自然而至。是爲六未曾有奇特之法。菩薩處胎母常安樂無諸疾病飢渴寒熱疲極之患菩薩亦然。菩薩胎中母常見之譬如眞摩尼毗琉璃寶。八楞淸淨內外明徹一切具足以五色縷而以貫之。明眼之人執在手中見珠八楞及五色縷靑黃赤白了了分明。菩薩處胎亦復如是母見其身頭目手足一切身分悉皆無有障礙是爲七未曾有奇特之法。毗舍佉菩

薩生七日已其母命終生兜率天受天快樂。是爲八未曾有奇特之法。凡人受胎或九月日。或至十月而便產生菩薩不爾。要滿十月然後乃生。是爲九未曾有奇特之法。世閒女人臨欲產時身體苦痛。或坐或臥不安其所然後乃生菩薩生時其母安樂無諸疾惱歡喜遊戲。舉手立生是爲十未曾有奇特之法。菩薩出胎。天人承接後爲世人之所捧持是爲十一奇特之法。世人受已。有四天子捧接敬受置於母前。心大歡喜俱發聲言善哉夫人生大威德勇健之子。是爲十二奇特之法。菩薩初生。無有水血及以胎膜諸

不淨物。其身清淨，如摩尼珠。以加私國氎而以裹之。不相染著。何以故？彼此淨故。菩薩初生亦復如是，清淨無染，如摩尼珠。其母鮮淨，亦如彼氎。是為十三奇特之法。菩薩生時，於虛空中自然而有二飛流水，一冷二暖，浴菩薩身。是為十四奇特之法。菩薩生已，北行七步。爾時空中自然白傘覆菩薩身。行七步已，遍觀十方，發師子吼，唱如是言：一切世間唯我為上，天人中尊，我為最大。從此生盡，無復後生。是為十五奇特之法。菩薩生時，於三千大千世界一切眾生蠕動之類皆大歡喜。是為十六奇特之法。毗舍佉，是名如來處胎初生有十六種奇特之法。爾時世尊而說偈言：

兜率天命終　下生於人間　處胎及初生
清淨無所染　十六種奇特　微妙未曾有
胎中及生時　不與眾生共　生時無迷惑
名聞最第一　現相非一種　佛生瑞如此

爾時世尊說此偈已，毗舍佉母心大歡喜，更增上問：世尊，菩薩生時有幾瑞相一時俱現？佛告毗舍佉：菩薩生時有三十二瑞相一時俱現。何謂三十二瑞？一者三千大千世界地大震動，自然大明光照世界。二者一切樂器自然音樂。三者不鼓自鳴。四者一切繫縛自然解脫。五者一切怨家皆生慈心。六者一切疾病自然除愈。七者生盲得眼能見諸色。八者生聾得耳能聞音聲。九者生跛能行隨意遊戲。十者生狂得念憶想分明。十一者瘖瘂能言。十二者乘船漂落還得本處。十三者地及虛空所有七寶自然光明。十四者衆川萬流停住不行。十五者一切飛鳥有翅之屬歡喜而住。十六者風不動搖一切寂然。十七者一切衆生相瞰食者皆生慈心。十八者一切諸天還其宮殿嬉笑快樂。十九者阿鼻地獄猛火自滅。二十者飢

得飽滿。二十一者一切餓鬼無有渴乏。二十二者於四天下普興大雲等注大雨。二十三者月光明曜。二十四者衆星晝現。二十五者日盛清明。二十六者一切華樹即便生華。二十七者一切果樹自然成果。二十八者三千大千世界出大天香無有臭穢。二十九者菩薩生時即行七步。三十者虛空白繖自然蔭覆。三十一者行七步已顧視十方。三十二者作師子吼。毗舍佉是名菩薩初生之時三十二法一時俱現。毗舍佉母白佛言。世尊。菩薩生時以何因緣震動三千大千世界。佛告毗舍佉。菩薩生時地大震動者菩薩

現此生盡無復煩惱。一切衆生應得道者煩惱將滅。是故地動。毗舍佉菩薩生時自然光明照世界者。菩薩爲得三達智故。毗舍佉菩薩生時世間樂器自然鳴者。菩薩爲得八三昧故。毗舍佉菩薩生時不鼓自鳴者菩薩爲欲擊大法鼓故毗舍佉菩薩生時一切繫縛自然解脫者菩薩爲欲度脫一切衆生老病死故。毗舍佉菩薩生時一切怨家生慈心者菩薩爲得四無量心故。毗舍佉菩薩生時疾病除愈者。菩薩爲欲滅除一切煩惱病故。毗舍佉菩薩生時盲得眼者。菩薩爲得聖智眼故。毗舍佉菩薩生時聾得耳者菩

薩爲得聖天耳故。毗舍佉菩薩生時跛能行者菩薩爲得四神足力故。毗舍佉菩薩生時狂得念者菩薩爲得安那般那念故。毗舍佉菩薩生時瘂能言者菩薩爲得通達如來所知法故。毗舍佉菩薩生時漂船還者菩薩爲得八直正道開示衆生故。毗舍佉菩薩生時地及虛空七寶光明者菩薩爲得四無礙智故。毗舍佉菩薩生時衆川萬流住不行者菩薩爲得煩惱四流已停住故。毗舍佉菩薩生時一切飛鳥歡喜住者菩薩爲破諸邪見故毗舍佉菩薩生時風不動搖者菩薩爲得常樂滅盡三昧故毗舍佉菩薩生時

衆生相瞰生慈心者菩薩爲得四部眷屬尊卑貴賤
得和合故。毗舍佉菩薩生時諸天還宮喜笑住者。菩
薩成佛時諸善男子及善女人出家學道得阿羅漢
所作已辦。斷絕三界生死之源。棄捨重擔無爲無欲。
常樂靜處熙怡喜笑各相謂言我等今者已得度脫
生老病死更不受胎處於生死清淨無染猶如水滴
在蓮荷上無所染著。毗舍佉菩薩生時阿鼻地獄猛
火滅者菩薩爲欲滅除衆生三毒煩惱熾然火故。毗
舍佉菩薩生時飢得飽滿者菩薩爲得身念三昧故。
毗舍佉菩薩生時餓鬼渴乏無渴乏者菩薩爲得解

脫水故。毗舍佉菩薩生時大雲注雨者菩薩爲欲雨
大法雨普潤衆生故。毗舍佉菩薩生時月光曜者菩
薩成佛時爲諸衆生歡喜瞻仰故。毗舍佉菩薩生時
衆星晝現者菩薩成佛時爲令聲聞弟子現於世間
故。毗舍佉菩薩生時日光赫烈者菩薩爲得六通大
聲聞故。毗舍佉菩薩生時華樹生華者菩薩爲令聲
聞弟子得解脫華故。毗舍佉菩薩生時果樹生果者。
菩薩爲令聲聞弟子得四沙門果故。毗舍佉菩薩生
時大千世界出天香者菩薩爲得如來戒香徧滿世
間故。毗舍佉菩薩生時蹈地七步者菩薩爲得七菩

提道故，毗舍佉菩薩行時白繖蔭覆者，菩薩為得涅槃蔭故。毗舍佉菩薩行已示東方者，為諸衆生作導首故。毗舍佉示南方者，為諸衆生作良福田故。毗舍佉示西方者，我生已盡是最後身故。毗舍佉示北方者，於一切衆生我得阿耨多羅三藐三菩提故。毗舍佉示下方者，為欲破魔兵衆令其退散故。毗舍佉示上方者，為諸天人之所歸依故。毗舍佉作師子吼者，於天人中最尊最上一切衆生無能及者故。爾時世尊而說偈言。

世間之導首　無上大聖尊　生時現瑞相

衆生良福田。輪轉三界中　此為最後生
於世間智慧　如來最第一。破魔兵衆已
應供大名聞　世間未曾有　天人所歸依。
世尊初生時　三十二瑞應　微妙奇特相
悉皆一時現。菩薩從胎出　地六種震動
自然大光明　徧照於十方。令衆生毛竪
各各相謂言　願速得成佛　當雨大法雨。
洗除煩惱垢　令我得解脫　是故我今者
歸命無上尊。

爾時世尊說此偈已，告毗舍佉，諸佛如來不可思議。

佛所說法不可思議。諸善男子及善女人信佛所說亦不可思議。所得果報亦不可思議。譬如大雨潤澤一切人非人等皆得充足。及諸草木亦得生長。如來法雨亦復如是。普潤一切無量衆生。應得度者聞此法已皆得道果。若於人天受果報者隨其所願皆悉得之。是故汝今應當專心受持此法。於未來世令諸四輩皆得修行。說是法時。六萬天人得法眼淨。餘諸天龍阿修羅乾闥婆迦樓羅緊那羅摩睺羅伽人非人等皆悉奉行。毗舍佉母得法眼淨。所將眷屬千五百人於佛法僧得堅固信無有退轉。皆大歡喜作禮而去。

優婆夷淨行法門經卷下

四十二章經鈔

隋費長房歷代三寶記引舊錄云本是外國經鈔元出大部撮要引俗似此孝經十八章

佛言辭親出家爲道識心達本解無爲法名曰沙門。常行二百五十戒爲四眞道行進志淸淨成阿羅漢。阿羅漢者能飛行變化住壽命動天地。次爲阿那含。阿那含者壽終魂靈上十九天於彼得阿羅漢。次爲斯陀含斯陀含者一上一還卽得阿羅漢。次爲須陀洹須陀洹者七死七生便得阿羅漢。愛欲斷者譬如四支斷不復用之。

佛言剃除鬚髮而爲沙門受道法者去世資財乞求取足日中一食樹下一宿愼不再矣使人愚蔽者愛與欲也。

佛言衆生以十事爲善亦以十事爲惡身三口四意三身三者殺盜婬口四者兩舌惡罵妄言綺語意三者嫉恚癡不信三尊以邪爲眞優婆塞行五事不懈退至十事必得道也。

佛言人有衆過而不自悔頓止其心罪來歸身猶水歸海自成深廣矣有惡知非改過得善罪日消滅後會得道也。

佛言人愚以吾爲不善吾以四等慈護濟之重以惡來者吾重以善往福德之氣常在此也害氣重殃反在于彼有人聞佛道守大仁慈以惡來以善往故來罵佛佛嘿然不答愍之癡冥狂愚使然罵止問曰子以禮從人其人不納實禮如之乎曰持歸今子罵我我亦不納子自持歸禍子身矣猶響應聲影之追形終無免離慎爲惡也。

佛言惡人害賢者猶仰天而唾唾不汙天還汙已身。逆風坋人塵不汙彼還坋于身賢者不可毀禍必滅己也。

佛言夫人爲道務博愛博哀施德莫大施守志奉道其福甚大覩人施道助之歡喜亦得福報質曰彼福不當減乎佛言猶若炬火數千百人各以炬來取其火去熟食除冥彼火如故福亦如之。

佛言飯凡人百不如飯一善人飯善人千不如飯持五戒者一人飯持五戒者萬人不如飯一須陀洹飯須陀洹百萬不如飯一斯陀含飯斯陀含千萬不如飯一阿那含飯阿那含一億不如飯一阿羅漢飯阿羅漢十億不如飯辟支佛一人飯辟支佛百億不如以三尊之教度其一世二親教千億不如飯一佛學

願求佛欲濟衆生也。飯善人福最深重。凡人事天地鬼神。不如孝其親矣。二親最神也。

佛言。天下有五難。貧窮布施難。豪貴學道難。制命不死難。得覩佛經難。生值佛世難。有沙門問佛。以何緣得道。奈何知宿命。佛言。道無形相。知之無益。要當守志行。譬如磨鏡。垢去明存。即自見形。斷欲守空。即見道眞。知宿命矣。

佛言。何者爲善。惟行道善。何者最大。志與道合大。何者多力。忍辱最健。忍者無怨。必爲人尊。何者最明。心垢除。惡行滅。內淸淨無瑕。未有天地。逮于今日。十方所有。未嘗不見。得無不知。無不見。無不聞。得一切智。可謂明乎。

佛言。人懷愛欲不見道。譬如濁水。以五彩投其中。致力攪之。衆人共臨水上。無能覩其影者。愛欲交錯。心中爲濁。故不見道。水澄穢除。淸淨無垢。即自見形。猛火著釜下。中水踊躍。以布覆上。衆生照臨。亦無覩其影者。心中本有三毒。涌沸在內。五蓋覆外。終不見道。要心垢盡。乃知魂靈所從來。生死所趣向。諸佛國土道德所在耳。

佛言。夫爲道者。譬如持炬火入冥室中。其冥即滅而明猶在。學道見諦。愚癡都滅。得無不見。

佛言。吾何念念道。吾何行行道。吾何言言道。吾念諦道。不忽須臾也。

佛言。覩天地念非常。覩山川念非常。覩萬物形體豐熾念非常。執心如此。得道疾矣。

佛言。一日行常念道。行道。遂得信根。其福無量。

佛言。熟自念身中四大。各自有名。都爲無吾。我者寄生。亦不久。其事如幻耳。

佛言。人隨情欲。求華名。譬如燒香。衆人聞其香。然香以熏自燒。愚者貪流俗之名譽。不守道眞。華名危己之禍。其悔在後時。

佛言。財色之於人。譬如小兒貪刀刃之蜜甜。不足一食之美。然有截舌之患也。

佛言。人繫於妻子寶宅之患。甚於牢獄桎梏郎當。牢獄有原赦。妻子情欲。雖有虎口之禍。己猶甘心投焉。其罪無赦。

佛言。愛欲莫甚於色。色之爲欲。其大無外。賴有一矣。假其二。普天之民。無能爲道者。

佛言。愛欲之於人。猶執炬火逆風而行。愚者不釋炬。必有燒手之患。貪婬恚怒愚癡之毒處在人身。不早以道除斯禍者。必有危殃。猶愚貪執炬自燒其手也。

天神獻玉女於佛。欲以試佛意觀佛道。佛言革囊眾穢。爾來何爲。以可誑俗難動六通。去吾不用爾。天神愈敬佛。因問道意。佛爲解釋。卽得須陀洹。

佛言夫爲道者。猶木在水。尋流而行。不左觸岸。亦不右觸岸。不爲人所取。不爲鬼神所遮。不爲洄流所住。亦不腐敗。吾保其入海矣。人爲道不爲情欲所惑。不爲眾邪所誑。精進無疑。吾保其得道矣。

佛告沙門。愼無信汝意。意終不可信。愼無與色會。色會卽禍生。得阿羅漢道。乃可信汝意耳。

佛告諸沙門。愼無視女人。若見無視。愼無與言。若與言者。敕心正行。曰吾爲沙門。處于濁世。當如蓮華不爲泥所汙。老者以爲母。長者以爲姊。少者爲如妹。幼者如子。敬之以禮。意殊當諦。惟觀自頭至足。自視內。彼身何有。唯盛惡露。諸不淨種。以釋其意矣。

佛言人爲道去情欲。當如草見火。火來已卻。道人見愛欲。必當遠之。

佛言人有患婬情不止。踞斧刃上。以自除其陰。佛謂之曰。若斷陰不如斷心。心爲功曹。若止功曹。從者都息。邪心不止。斷陰何益。斯須卽死。佛言世俗倒見如斯癡人。

有姪童女與彼男誓至期不來而自悔曰欲吾知爾本意以思想生吾不思想爾即爾而不生佛行道聞之謂沙門曰記之此迦葉佛偈流在俗閒。

佛言人從愛欲生憂從憂生畏無愛即無憂不憂即無畏。

佛言人為道譬如一人與萬人戰被鉀操兵出門欲戰意怯膽弱乃至退走或半道還或格鬬而死或得大勝還國高遷夫人能牢持其心精銳進行不惑于流俗狂愚之言者欲滅惡盡必得道矣。

有沙門夜誦經甚悲意有悔疑欲生思歸佛呼沙門問之汝處于家將何修為對曰恒彈琴佛言絃緩何如曰不鳴矣絃急何如曰聲絕矣急緩得中何如曰諸音普矣佛告沙門學道猶然執心調適道可得矣。

佛言夫人為道猶所鍛鐵漸深棄去垢成器必好學道以漸深去心垢精進就道暴即身疲身疲即意惱意惱即行退行退即修罪。

佛言人為道亦苦不為道亦苦惟人自生至老自老至病自病至死其苦無量心惱積罪生死不息其苦難說。

佛言夫人離三惡道得爲人難既得爲人去女即男難既得爲男六情完具難六情已具生中國難既處中國值奉佛道難既奉佛道値有道之君難既値有道之君生菩薩家難既生菩薩家以心信三尊値佛世難。

佛問諸沙門人命在幾閒。對曰在數日閒。佛言子未能爲道。復問一沙門人命在幾閒。對曰在飯食閒。佛言子未能爲道。復問一沙門人命在幾閒。對曰呼吸之閒。佛言善哉。子可謂爲道者矣。

佛言弟子去離吾數千里意念吾戒必得道在吾左側意在邪。終不得道。其實在行近而不行何益萬分耶。

佛言人爲道猶若食蜜中邊皆甜。吾經亦爾其義皆快行者得道矣。

佛言人爲道能拔愛欲之根譬如摘懸珠。一一摘之會有盡時惡盡得道也。

佛言諸沙門行道當如牛負行深泥中疲極不敢左右顧趣欲離泥以自蘇息。沙門視情欲甚於彼泥直心念道可免衆苦。

佛言吾視王侯之位如過客視金玉之寶如礫石視

氎素之好如弊帛。

四十二章經鈔

此本據宋刻校刊故與坊間所行者文句歧異讀者勿疑